传记丛书
世界名人

戴高乐

北方妇女儿童出版社

上

马兰◎编著

图书在版编目(CIP)数据

戴高乐 / 马兰编,张大为编著. —长春：北方妇女儿童出版社,
2010.5(2016.1 重印)

(世界名人传记丛书)

ISBN 978 - 7 - 5385 - 4653 - 8

Ⅰ. ①戴… Ⅱ. ①马… Ⅲ. ①戴高乐,C. A. J. M. (1890~1970) - 传
记 - 青少年读物 Ⅳ.①K835.657 = 5

中国版本图书馆 CIP 数据核字(2010)第 082090 号

世界名人传记丛书

戴高乐

总 策 划:李文学 刘 刚

编 著:马 兰 张大为

责任编辑:李少伟 张晓峰

插 图:刘凤山

出版发行:北方妇女儿童出版社

(长春市人民大街 4646 号 电话:0431 - 85640624)

印 刷:北京一鑫印务有限责任公司

开 本:650×950 毫米 16 开

印 张:14

字 数:118 千字

版 次:2010 年 5 月第 1 版

印 次:2016 年 1 月第 3 次印刷

书 号:ISBN 978 - 7 - 5385 - 4653 - 8

定 价:59.60 元(上、下册)

前言

《世界名人传记丛书》精选出来的世界名人完全是基于客观公正的立场，兼容古今中外，从教育、文学、科学、政治及艺术等方面选出最具影响力的著名人物。我们在向少年读者介绍世界上这些著名人物时，把他们面临危机的镇静，驾驭机遇的精明，面对挑战的勇气，别出心裁的创新，以及他们的志向、智慧、风格、气质、情感，还有他们的手段、计谋，以及人生的成功和败笔，一并绘声绘色地勾画出来。让少年读者跟随他们的脚步，去认识一个多维的世界，去体验一个充满艰辛、危机和血泪，同时又充满生机、创造和欢乐的真实人生。

为了顾及少年读者阅读的兴趣和习惯，这些传记都避免正面冗长的说教性叙述，而多从日常生活中富于启发性的小故事来传达名人所以成功的道理，尤其是着重于他们年少时代的生活特征，以期诱发少年读者们的共鸣。尽管是传记作

SHIJIEMINGRENZHUANJICONGSHU

戴高乐

品，我们也力求写得有故事性、趣味性。以人物的历史轨迹为骨架，以生动的故事为血肉，勾勒出名人们精彩的人生画卷；多用有表现力的口语、短句，不写套话、空话，力戒成人化，这是我们在风格和手法上的追求。

书中随处出现的精美生动的插图，乃是以图辅文，借以达到图文并茂的目的。每一个名人传记的文后，都附有简单的年谱，让少年读者能够从中再度温习名人的重要事迹。

希望我们的少男少女在课外阅读这些趣味性浓厚而立意严肃的世界名人传记时，能够于不知不觉之中领悟到做人处世的人生真谛。

2010 年 8 月

世界名人传记丛书

SHIJIEMINGRENZHUANJICONGSHU

序言

在法兰西，人们称 1990 年为"戴高乐年"，政府和民间举办各种活动，隆重纪念这位伟人逝世 20 周年、诞辰 100 周年。

联合国教科文组织在同年的 11 月，举办了"戴高乐在他的世纪"国际日活动，以表达世界人民对这位历史巨人的缅怀之情。

戴高乐享有这些殊荣是当之无愧的。

在第二次世界大战中，在法国政府向德国法西斯屈膝投降的危机时刻，戴高乐将军孑然一身，远赴英国，独自擎起救亡抗战的大旗。他在极短的时间里集结起武装力量，重新投入战斗，终于洗清了法兰西战败的耻辱，并以战胜国的身姿出现在国际舞台上。

在战后的日子里，在法国处于弱势的严峻形势下，戴高乐奋力抗争，终于使法国跻身于世界大国的俱乐部。

在风云变幻的国际斗争中，戴高乐更是始终

高扬着高傲的头，坚决反对一切霸权主义，奉行一条独立自主的外交路线。

他给法国带来了荣誉和尊严，对世界历史发展进程产生了巨大的影响。

他是一位杰出的政治家，具有高超的智慧和谋略，具有过人的远见和深刻的洞察力，在错综复杂的国际国内政治斗争中，不断开拓发展的道路。

他的钢铁般的意志，坚韧不拔的毅力和百折不挠的奋斗精神，更是令人钦佩不已。

正因为所有这一切，人们称他是反法西斯的不屈的斗士，是功高盖世的法兰西民族英雄。他赢得了法国人民和世界人民的尊敬。

编者 识

目录

SHIJIEMINGRENZHUANJICONGSHU

戴高乐

世界名人传记丛书

SHIJIE MINGREN ZHUANJI CONGSHU

一

有志少年

"法国是我的。"童年的戴高乐如
是说。

孩　子　王

　　巴黎，法兰西共和国的首都，素有"世界花都"之称。美丽、华贵，明净清澈的塞纳河像一条飘拂着的丝带，轻柔地从市区流过。在它的岸边，埃菲尔铁塔像一位钢铁巨人，骄傲地矗立着，成为巴黎的象征。

　　这是一座有 2000 年历史的文化名城。许多享有盛誉的思想家、作家和艺术家的名字，都与它有着千丝万缕的联系。

　　也许是历史的巧合吧！戴高乐，这位第二次世界大战中的传奇式英雄，被称为法兰西之父的人，自小就生活在这座令人向往的城市里。

　　巴黎的夏天到处繁花似锦，绿草如茵。小学校放暑假了，孩子们像出笼的鸟儿，在草地上、树丛中尽情地嬉戏，享受着夏日明媚温暖的阳光。

　　一个高个子大眼睛，神情冷峻的男孩，犹如鹤立鸡群，站在一旁默不作声。忽然，他挥动着长长的手臂大喊着：

"别闹了！我们玩打仗的游戏！"

孩子们一下子静了下来，像行注目礼似的，把目光转向了这个男孩。他就是夏尔·戴高乐，是公认的孩子王。他的个头高出所有的孩子，一向争强好胜，每次游戏都是他出点子，发号施令，孩子们都乖乖地服从他。他总是那样自信、严肃，以至他的兄长称他为"掉进了冰山的夏尔"。

夏尔开始分配角色了。

"格札维埃！"他喊着大哥的名字。格札维埃虽然大弟弟两岁，游戏时却总是跟在弟弟后面听指挥。他觉得这没什么不好：谁让弟弟的主意多，有组织能力呢！

夏尔严肃地对哥哥说："你还是装扮德国皇帝！"

"老是让我装德国皇帝，真没劲！今天我要当法国国王！"格札维埃今天不知怎么回事，他皱着眉头，抗拒着弟弟的命令。

"不行！法国是我的！"夏尔瞪着一双大眼睛，顿足高喊。每次玩打仗的游戏，他都是装扮法国国王，或者是法国的将军；仿佛这是他的特权，谁也不能侵犯，谁也不能把他与法国分开。

格札维埃只好悻悻地戴上用树枝编成的"皇冠"，带着一群"德国士兵"走了。

夏尔站在一块大石头上，腰扎皮带，威风凛凛地对他的"法国士兵"作战前动员：

"士兵们，我们要勇敢地作战，为了法兰西，一定要打败德国人，谁也不准做逃兵！"

他把小弟喊到面前：

"皮埃尔，我命令你当侦察兵，德军那里有我埋伏的人，你到那里去取情报，然后迅速把情报拿回来交给我。"

"是！司令！"矮个子圆脸盘胖墩墩的皮埃尔把手举到耳边，敬了一个军礼。他只有六七岁，样子显得格外可爱。

"记住！如果你被德军抓到了，一定要把情报吞下去，不许交给敌人，这是纪律！"夏尔又"威严"地叮嘱。

"知道了！"皮埃尔转身跑了。

"战斗"打响了，偷袭的"德国士兵"向"法军"阵地逼来。

侦察兵皮埃尔在从"德方"返回时，被一个身高力大的"德国兵"抓住了。这个"德军"瞪着双眼，举着拳头，要他交出情报。皮埃尔哪里是他的对手？他害怕吃拳头，赶紧把情报递到"德军"的手上，夏尔的叮

戴高乐

嘱早已忘到九霄云外了。

"走开！放你一马！""德军"挥挥手，皮埃尔一阵风似的逃回到"法军"阵地。

在一片冲杀声中，双方拼着用树枝做成的刺刀，夏尔冲在最前面，就像是挥舞着真正的战刀，勇猛地向敌人砍去。最后，"德军"全都举起双手，放下了"武器"，"德国皇帝"成了俘虏。得胜的"法国司令官"夏尔带着"法国士兵"，高举"战刀"欢呼雀跃，庆祝胜利。

忽然，夏尔看见了低着头的小弟。

"皮埃尔！你的情报呢？"夏尔的目光咄咄逼人。

"我……我把它交给敌人了。"皮埃尔声音小得像蚊子哼哼。

"什么？你忘了我的命令吗？你这是投敌变节！"怒不可遏的夏尔一拳把皮埃尔打倒在地，又上去踹了两脚。

"你这是干什么！这不是游戏吗？你还当真了？"哥哥赶紧跑过来护住了小弟。

"我最恨投降敌人的软骨头！"夏尔余怒未消，恶狠狠地说。皮埃尔嚎啕大哭着跑回了家。

"妈妈！司令官打我了！"皮埃尔刚跑进家门，就一边哭，一边气愤地向母亲告状。

"哪个司令官？"母亲奇怪地问。

"就是夏尔！因为我把情报交给了敌人，没听他的话，把情报吞到肚里。"

"唉！这个夏尔！"母亲无可奈何地摇摇头，抱起了委屈的皮埃尔。

父亲的生日礼物

1890 年 11 月 22 日凌晨，戴高乐降生在里尔市外祖母家。里尔是法国北部的城市，在 19 世纪，那里有个奇怪的习俗，就是女人要在自己的娘家生孩子。戴高乐父母的家族都是里尔人，自然要遵循这个习惯。

次日，在庄严肃穆的圣安得列教堂，新出生的男婴接受了洗礼，命名为夏尔·安德烈·约瑟夫·马里·戴高乐。几个星期后，他们全家回到巴黎的家里。所以戴高乐后来常自称为"巴黎的小里尔人"。

夏尔的祖父朱利安·菲力普是一位历史学家，曾写作出版过《巴黎及其近郊史》。他的祖母约瑟芬·马约是小有名气的女作家，一边在《家庭通讯》杂志社当编辑，一边写文学作品，她写过好几本名人传记，比如法国浪漫主义诗人夏多勃里昂，护送拿破仑去厄尔巴岛的特鲁奥将军，还有夏尔兰政治家达尼埃尔·奥康内尔。在这部传记里，祖母赞扬了爱尔兰的爱国者通过一场不流血的革命，用尊重法律和秩序的办法解决了国家的难题。这本书格外得到戴高乐的青睐。他的深厚的史学与文学素养，是不是得益于祖父母的熏陶呢？

戴高乐的父亲亨利·戴高乐曾是一位职业军人。他在1870年的普法战争中，在巴黎被围困的关键时刻参加了"国民自卫队"，担任陆军少尉。在一次突围中，他带领一排人英勇作战，负伤后获得一枚勋章。这枚金光闪闪的勋章被童年的戴高乐视为最珍贵的宝物。

战后这位勇敢的少尉走上教师的岗位。他的学识非常渊博。常常倒背着双手，一边在教室里踱来踱去，一边满怀激情地讲述法国的光荣，法国的伟大，法国的苦难。他把虔诚地忠于国王、忠于法兰西的思想和炽热的情感，一起灌输给他的学生们，当然也用这些感染着他的儿子夏尔·戴高乐。

在戴高乐年纪很小的时候，他常常在节假日跟随父亲和家人，到拿破仑墓或凯旋门游览。他们兴致勃勃地观看凯旋门墙面上雕刻的著名艺术家的图画，在拱门下无名烈士墓的长明灯前沉思。

有时全家人还去斯坦恩，那里是父亲当年突围受伤的地方。父亲总是以凝重的神色讲述着当年的情景：

"法国在普法战争中打了败仗。1871年1月，法国同普鲁士签订定了卖国的停战协定，法国付赔款50亿法朗，还把阿尔萨斯——洛林这块土地割让给德国。这件事对法国的民族自尊心伤害太深了！"

母亲也叹气：

"我永远不会忘记，当听到英勇的巴赞元帅率领17万法国军队投降的时候，我的父母悲痛欲绝的样子。"

一家人都关心国事，喜欢在餐桌上议论。戴高乐出生前后，正是法国的多事之秋。父亲对法国政局的动荡不安、多个党派勾心斗角愈演愈烈，表示深深的忧虑：

"你们看，从1873年到1890年，18年间就换了三十多个内阁，这怎么了得！"

他还对巴拿马远河公司收买政府政要的丑闻怒不可遏。尤其是轰动全国的德雷菲斯事件，更是让父亲为法国感到耻辱。

原来有人发现，从1894年起，有个神秘人物不停地向德国人出卖法军的情报。这个神秘人物是谁呢？法国政府和军队最终认定，是犹太人德雷菲斯上尉。于是小上尉被投入监狱，判处终生监禁。可是证据却很不充分。人们议论纷纷。事情很快真相大白：德雷菲斯上尉是无辜的。无能的法院却抓住一只替罪羊不肯放手。民众愤怒了，法国政府和军队被弄得名誉扫地。

父亲愤愤地说：

"法国本来是庄重威严的，它有强盛的国力。可是现在却道德沦丧，腐败透顶，问题丛生！"

小戴高乐似懂非懂地听着这些议论，也跟着大人们愤愤不平。

这些谈论逐渐引起他对国家大事的兴趣，他惊喜地发现，那些历史上的事儿，现实正在发生的事儿，"出场的人物有如万马奔腾般，倾泻出他们的智慧、热情和雄辩"，使他不禁为之神往。

那种要报效国家、振兴法兰西的宏愿已悄然在他心中萌芽、生长。

1900年11月22日是戴高乐10周岁生日。这一天全家人围坐在餐桌旁，看着戴高乐吹灭了蛋糕上的蜡烛。父亲用手抚摸着已经长高的戴高乐，故作神秘地说：

"夏尔，你知道我要送你什么样的生日礼物吗？"

"我想，是一本好书吧！"

"不！我送你的礼物是带你看一场戏剧演出！"父亲大声宣布着，"戏的名字叫《雏鹰》，看过的人都说好。"

"太好了！咱们赶紧走吧！"戴高乐兴奋得立即蹦了起来。

"别忙，总要吃过饭才能去呀！"

戴高乐顾不上仔细品味桌上的美味佳肴，匆匆吃过饭就跟着爸爸赶往剧场。

大幕徐徐拉开了，戴高乐把目光收拢在舞台上，渐渐地，完全融入到法国诗人兼剧作家埃德荣·罗斯唐演绎的动人的故事里：

剧中的主人公是拿破仑的儿子，在拿破仑遭遇滑铁卢之战，流放到厄尔巴岛之后，他流亡到外祖父的故乡奥地利。他顽强地奋斗拼搏，最终却无力改变自己的命运，也无法改变祖国的命运，最后孤寂地客死他乡。戏剧充满着一种崇高的悲壮美和深沉的爱国情思。

10岁的戴高乐很难完全理解剧中的人物，可是他仍被剧中的故事和爱国之情深深地打动。回家的路上，他突然对爸爸说：

"我长大了一定当军人！"

在他的心目中，当军人最神圣，当兵才能报效

世界名人传记丛书

SHIJIEMINGRENZHUANJICONGSHU

国家。

随着他渐渐长大，当军人的愿望越发强烈，对英雄的崇拜有增无减。

一天中午，母亲正在做饭，忽然响起了"咚咚"的敲门声。

"谁呀？"母亲一边擦手，一边询问。

"是我，费德尔布将军。"门外响起故作粗壮而又低沉的声音。

费德尔布是法兰西第二帝国时期的常胜将军。尽管法国在普法战争中失败了，可是传说费德尔布将军从未打过败仗，常把德国人打得闻风丧胆。这位人们常常在闲谈中赞扬的人也是里尔人。他是绝不会到戴高乐家里来的。

莫名其妙的母亲打开了房门，她惊讶地看到，戴高乐戴着父亲过去的军帽，腰间扎着皮带，正神气活现地行军礼呢！他压低了嗓门装作大人的声音，把母亲弄得哭笑不得。

这一年戴高乐13岁，他已经在幻想当一名常胜将军了。

SHIJIEMINGRENZHUANJICONGSHU 戴高乐

一心想当兵

戴高乐不满 5 岁时就进小学读书了。在 6 年级开始的时候，父亲把他送进沃吉拉尔教会学校，那里的教学质量很高，父亲又在学校里任学监。

小戴高乐对拉丁语、希腊语、圣经、数学等课程毫无兴趣，学得一点都不上心，成绩也平平。他最热衷的是把单词倒过来背，直到倒背如流，把同学们弄得目瞪口呆。原来他是有意锻炼自己的记忆力呢！

各种体育竞技活动也受到他的青睐：他是一个很不错的足球后卫；在滑冰赛场上，他仗着有两条长腿的优势，像离弦的箭一样冲在前面。他从不服输，常为赢得同学们的喝彩声而洋洋自得。

精力充沛的戴高乐对什么事都好奇，都想试一试。

在 1903 年的一天，学校要学生排演一出历史剧，其中有法国国王的角色，这可正合戴高乐的心意。他自告奋勇扮演了法国国王，头戴王冠，衣服上挂着漂亮的三色旗，神气十足地坐在宝座上训斥他的臣子们，还真有股神圣不可侵犯的劲儿。虽然是在舞台上，也还是让他过了一回当头领的瘾。

对戴高乐最有吸引力的是文学与历史。他的家庭充满文化的氛围，晚餐后全家人坐在客厅里，大家轮流朗诵自己喜爱的文学作品。父亲当仁不让，率先站起来，用抑扬顿挫的语调，朗诵法国诗人和剧作家罗斯母的诗歌，还不时用手扶一下夹鼻眼镜。母亲喜欢坐在安乐椅上，用温和的女中音，把塞内加尔作品中的故事娓娓道来；有时还会为作品中的人物命运流下同情的泪水。

戴高乐对诗歌情有独钟，他从沙发里站起来，两只神采奕奕的大眼睛望着父母说：

"我朗读几首古希腊的抒情诗吧！"

他清脆的童声里饱含着热情。

他也读德国诗人海涅和歌德的作品。海涅炽热的激情和对下层人民深沉的爱，歌德对宇宙、对人生的深刻的哲理式思索，都让戴高乐激动不已。他的脸红红的，眼睛里闪现出兴奋的光芒，久久不能平静。

"夏尔，你读得很好。"父亲用慈祥的目光望着儿子。

"我也要读一首诗，行吗？"小弟皮埃尔跑到父亲面前请求着。

"当然行，小皮埃尔。"父亲微笑着，拍拍皮埃尔的头。

这种家庭朗诵会受到所有孩子的欢迎，戴高乐更是感到乐在其中。

戴高乐渐渐长大，他又喜欢上法国诗人夏尔·佩居伊。这位诗人深受哲学家柏格森的影响，厌恶陈旧的思想，着眼于对未来的追求，充满了勃勃生气。佩居伊为法国民族英雄圣女贞德写下了热情的颂歌；他把法国比做伟大的母亲，号召她的儿女——法兰西人民尽自己的责任，要为母亲效劳，为捍卫法兰西的尊严和荣誉而献身。

戴高乐读着这些诗作，胸中涌起一种神圣的感情。他崇拜佩居伊，把诗人的爱国思想完全融入到自己的灵魂里。

暑假到了，他们全家人来到外祖父母的海滨别墅。戴高乐五兄妹和表兄妹们在大海里游泳嬉戏，躺在金色的沙滩上做日光浴。

"咱们打槌球吧！"戴高乐一声召唤，大家兴高采烈地玩起了槌球。

有时，他们在沙滩上玩拔河，或者别的游戏，戴高乐总是充任指挥。

后来，父亲在贝尔拉克附近的多尔多涅河买了一幢房子，他们叫它"卢瓦尔河别墅"，房子宽敞明亮。戴高乐坐在阳台上，一边看远处绿色的山峦，一边读《法国史》。他从法国的历史中感悟到：法国历史是一个整体，法兰西民族也是一个整体，它是不可分割的。可是在1870年普法战争中，法国失去了阿尔萨斯地区。这是法国的耻辱！总有一天，我们要把这块土地夺回来！只有军队才能完成这个神圣的使命。我长大了应该去当兵，去保卫我们的国家。

一心想当兵的戴高乐在15岁那年，把胸中涌动的爱国情思寄于笔端，写成一部短篇小说《德国的战役》，小说别出心裁，以丰富的想象力虚构了一场将在1830年发生的法德之战。小说中写道：

三支德国军队在向法国发动进攻。

第一支德军20万人，沿瑞士边境而下，进袭巴黎；

第二支德军越过群山；

第三支德军10万人，做第二支军队的后援。

法国在进行紧张地备战。"戴高乐将军"制定了作战方案，他率领20万军队和518门大炮去拯救法国。赶在德军会师之前粉碎了他们的进攻，最后把德军围困在梅斯要塞。

父亲对这篇小说惊叹不已。其实，从艺术上看，它很稚嫩，可是他从中看到儿子不凡的志向。他拥抱着已经长高的儿子说：

"我的孩子，你长大了！"

"爸爸，我很早就想当兵了，我要报考圣西尔军校。"

戴高乐郑重地向父亲吐露了心声。父亲已经承认他长大了，他当然应该独立自主地选择自己的人生道路了。

望着目光坚定的儿子，父亲爽快地答应了，他知道这是儿子深思熟虑的结果。

"可是圣西尔军校对考生的成绩要求很高，你的成绩还差得远哩！要想踏进它的大门，你非得发奋努力才行。"父亲抓住机会，及时引导。

戴高乐震动了，他头一次正视自己的学习成绩，看到了不足。可是人生的目标既然确定，就得为它积蓄力量，坚定不移地走下去，他相信自己不会输。

"爸爸！您放心吧，我知道该怎样做。"

他开始把心收拢，专心致志地学习功课。不久，成绩真的赶上来了，1906 年，他有 6 科成绩是全班第一名。

世界名人传记丛书

SHIJIE MINGRENZHUANJICONGSHU

1907 年，戴高乐来到安托万中学。这所学校在比利时境内，靠近法国边境的地方。他在这里用心地学习德语，这对考军校很重要。放暑假的日子里，他一个人来到巴登以及巴登附近的里登去旅行，每遇到一个德国人，他就赶紧走过去，磕磕巴巴地同人家讲德语。他一改平日冷漠高傲的模样，成了热情洋溢的饶舌者。德国人当然不会辜负这位热心学语言的大男孩，也比比划划地与他对讲。他的德语会话能力真的提高了许多。他很为自己走的这步棋得意哩！

在 1908 年一个美丽的季节——10 月，戴高乐回到了巴黎的斯塔尼斯拉斯学校，开始认真地准备圣西尔军校的入学考试。他想着即将开始的军旅生涯时，一种豪迈的感情油然而生，他用笔记下了涌动的思绪，写成一首无题诗：

我愿！……
如果我必将死去，
我愿死在战场上。
这时我的灵魂，
依然披着战火掀动的如醉如狂的喧嚣，
那宝剑的威武与清澈的撞击声，

使战斗者悲壮地视死如归。

……

为了死而无憾，

我愿死在夜晚，

那时我将看到，

光荣之神在床头向我展示，

节日盛装的祖国。

那时我虽已精疲力竭，

却能够在死神来临的簌簌声中，

感受到光荣之神在我的额头上灼热的一吻。

少年戴高乐诗作的字里行间，渗透着对祖国那么深沉的挚爱和为了国家视死如归的坚定信念。

一年多的刻苦努力没有白费。1909 年的夏季，戴高乐通过了军校的入学考试，在录取的 221 名学生中，名列 119 位。

他终于如愿以偿，为实现自己的人生目标，走出了坚实的第一步。

一

军旅生涯

年轻的军人对国际形势走向有着惊人的洞察力，他奔走呼号，法国却不予理睬。

干大事的瘦高个儿

戴高乐考入军校之日，正是法国军队处境最困难之时。

德雷菲斯事件震动了全法国。无辜的德雷菲斯上尉的佩剑被砸碎，军官徽章从制服上撕下来，他被囚禁在法属圭亚那沿海一个叫魔鬼岛的流放地。

当时很多证据说明这位上尉是冤枉的，可是军队中的右派势力坚决反对改判，说什么"为了秩序、正义和真理"。声称这是为了保护军队的荣誉，防止国家安全方面的危险。这些人煞费苦心，制造假证。

1906 年 7 月 12 日，法国高等法院宣判德雷菲斯无罪。事情的真相是，这是法国反犹太主义的反动军官团恶意制造的冤案，真正的间谍另有其人。

这件事让法国军队的威望受到了致命的打击，人们对军队一向怀有的敬仰之情一扫而光。

德雷菲斯事件之后，一向是精英荟萃的圣西尔军校的考生人数下降了：1900 年到 1911 年，从 1895 人减少到 871 人。

少年戴高乐却坚信，法国军队的传统不会迷失。他始终相信，一切都要依赖军队的一天一定会到来。他仍然把将要开始的军人生涯，看成是人生中了不起的一件大事。

按照军队的规定，戴高乐首先要到驻阿拉斯的步兵33 团 9 连当一年兵。

初来乍到，戴高乐与大兵们有些格格不入。大兵们开着粗俗的玩笑，嘲笑这位腼腆的耶稣会学校的学生，有时会让他感到不知所措。军队里严格的操练、强行军、战斗演习和接受长官视察，还有定期的公差、勤务，常备军进行的装备训练，在他的眼里显得越来越单调和乏味，简直和他高远的志向大相径庭。唉！还是钻到图书馆里，去读军事著作吧！阿拉斯的图书馆还算藏书丰富，古今各国战争史，军事家们写的军事理论著作让他大开眼界，读起来如醉如痴。他的知识宝库里又增加了不少新玩意儿。

有人提起戴高乐，士兵们会嘲笑地说：

"你是说那个要干大事的瘦高个儿吗？"

连长更挖苦他说：

"人家可不是当兵的料，只有当上大元帅才会称心如意哩!"

1910年10月,这位没有当上元帅的士兵终于结束了一年的连队生活。他没有得到中士军衔,还是一名下士。当时同他一起下连队的军校生,大多数都得到中士的军衔。这大概和他曾对升军衔的程序表示轻蔑有关吧。

戴高乐正式到圣西尔军校报到了。这是一个阴雨天,大雨如注,雨水顺着他的雨衣向下流淌。他脱下雨衣,来不及擦干脸上的雨水,就对着穿军装的接待人员来了一个标准的军人敬礼。他的心情只能用兴高采烈来形容。

圣西尔军校是专门培养高级军官的地方,圣西尔是天主教历史上最年轻的圣徒,年仅3岁,就在公元4世纪殉教。学校在凡尔赛宫的隔壁,是路易十四时代的女官德曼特夫人出资兴建的,原来是破落贵族的女子学校,拿破仑时代才变成军事学校,此后逐渐成为军事人才的摇篮,从这里走出去许多优秀的军官。

在这里戴高乐如鱼得水,游刃有余。

入学不久,因为他的身材又高又瘦,得到一大堆雅号:"大公鸡"、"芦笋"、"尖头"、"两米"。这些美妙的绰号远比他的名字更有知名度。

他的大鼻子更是引人注目。有一天，同学们把他抬到桌子上，让他背诵诗剧《西哈诺》的一段台词，那是主人公西哈诺赞颂自己特大鼻子的自白。戴高乐幽默的声调和表情，博得同学们的一片喝彩。他喜欢出风头，不会放弃这种机会。他在学校组织的演出中，扮演过一个乡下的未婚夫，甚至还演过杂技里的小丑。

军校里课程与活动的安排非常紧，戴高乐认真地学习了所有的科目：体操、射击、击剑、马术和军事课。还有许多自习时间，那是阅读军事著作的好机会，他如饥似渴地又读了好多书。

休闲时，他与战友们一起聊天，他常说的话题是战略战术。这时他会高谈阔论，旁若无人，如数家珍似的谈着国内外著名的战例，一双大眼睛里闪现出睿智的光。当他引经据典时，战友们都为他渊博的知识、惊人的记忆力而惊讶。

他总有独到的见解。当时许多人都对军队很失望，军校生也不例外。他却对军队充满了信心。他说：

"军队是座堡垒，它将决定一切。如果堡垒本身倒塌，只有依靠它本身才能把漏洞补上。"

"国家如果有复兴的希望，这个希望必将通过军队，并且首先在军队里产生。"

他还和战友们探讨，法国会不会和德国开战，去收复被割去的阿尔萨斯——洛林地区呢？国家大事，时刻萦绕在他的心头。

他的笔记本上摘录了大作家雨果的一段话："风格简洁，思想精确，遇事果断。"这大概是他的座右铭吧。

两年的军校生活快要结束了，他过得很充实。他的马术和击剑战绩还可以，步枪射击的成绩相对较弱，可是从总体来看，其他军事学的科目成绩是良好。"品德教育"、"对疲劳的忍耐力"和"实际野战工事"三科的成绩都很突出。总的成绩上，他名列第13名。

1912年9月，已经获得少尉军衔的戴高乐毕业离校了。以他的成绩是有权利挑选服役的军队的。他没有选择令人艳羡的骑兵、炮兵和殖民地驻军，却选择了他当过兵的，带给他诸多烦恼的阿拉斯步兵33团。

这实在是不可思议，许多人都迷惑不解。有人议论说：这是不是对过去"虐待"他的33团的一种挑衅呢？

他的回答却很简单：

"步兵更有军队的味道。"

也许，这种选择更符合他的远大志向，因为只有在最前线，才能充分施展军人的才华，锻炼军人的能力，才是事业成功的开始。

得到贝当上校的青睐

戴高乐来到阿拉斯33团，走进施拉姆营房。

接待他的是一位五十多岁的军官，短而稀疏的白发梳得整整齐齐，一双蓝眼睛炯炯有神，透着干练和威严。他就是新任团长贝当上校。

"少尉戴高乐前来报到！"戴高乐挺直身躯，敬了一个军礼。

"欢迎你到陆军来，年轻人，"贝当上校面无表情地说，"你将担任一个排的指挥工作。你有意见吗？"

"服从命令！"戴高乐又是一个立正，然后跟着一位军官走了。

第一次见面，贝当上校就给戴高乐留下了深刻的印象。

贝当上校出身于农家，曾在参谋学校里当过教官。他的军事理论新颖独特，与正统观念背道而驰。当军方普遍迷信刺刀和主动进攻时，他提出了取得胜利的关键不是谁主动出击，而是谁能最大限度地集中火力。他公开地批评高级指挥官的愚蠢。

听了战友们对贝当的介绍，戴高乐对贝当生出一种崇敬之情。他说："贝当是个了不起的人。"

戴高乐来到士兵中间，按照惯例给士兵上课，讲责任与义务。与其他排长不同的是，他对每个士兵都了如指掌。连一些生活细节都清清楚楚。

33团在贝当上校的指挥下，纪律严明，训练内容新，符合实战要求，士气高涨。戴高乐按照团长的命令，当然还有自己创造性的发挥，训练指挥自己的排，干得有声有色。

贝当对年轻的上尉很满意，曾对人说：

"他十分聪明，忠于自己的职守，率领他的排出色地完成了任务。一切赞扬都不为过。"

"初出茅庐便显示出真才实学，是个前途无量的军官。"

有一天，贝当上校在斯卡贝河畔，给军官们讲解火力在战争中的重要作用。他以中世纪的宗教战争为例：孔代王子在军事演习中，因为使用了火力，使法国元帅拉斐尔德的军队陷入一片混乱状态。这时，戴高乐突然打断贝当的话：

"可是，当时留守在那里的蒂雷纳元帅却用炮火压倒孔代，最后解了阿拉斯的围。"

在场的军官们都目瞪口呆，惊愕不止。下属居然敢打断上司的讲话，这在等级森严、纪律严明的法国军队中是绝对不允许的。

出人意料的是贝当没有发怒，他用赞赏的目光打量着这位表情严肃、有些刚愎自用的年轻人，居然说：

"你的补充说明很好！更证明了火力无与伦比的巨大作用！"

贝当挽起了戴高乐的胳膊，两个人一边走，一边讨论起孔代和蒂雷纳各自的优长。勇于向传统观念挑战的贝当，似乎在戴高乐的身上看到了自己的影子。从这以后，贝当不时地与这位年轻的下属探讨一些军事理论问题，为戴高乐迸出的新见解而欣喜不止。

可是在严格的军纪面前，贝当上校还是铁面无私的。

1913年的国庆节，贝当上校骑着高头大马检阅部队。当他将要走到戴高乐指挥的部队时，却发现这些部队早就解散了。贝当上校愤怒了，他无法容忍这种严重的违纪行为，当即下命令：关戴高乐禁闭！

其实戴高乐是接到顶头上司错误的指令才这样做的，他只好忍气吞声地坐在禁闭室里，代别人闭门思过。第二天就是星期日，这下子不能回巴黎家里度假了，真是越想越沮丧。

突然一位军官走来，打开了禁闭室，对戴高乐很有礼貌地说：

"您可以走了。"

戴高乐简直不敢相信自己的耳朵，他很快反应过来，赶紧以最快的速度跑向火车站。火车喘着粗气，正在缓缓开动，戴高乐一下子跳上火车，找到一个座位坐下来。当他抬起头，一下子惊呆了，在他对面坐着一位穿便服的绅士模样的老者，正用温和的目光打量他。此人正是贝当！

"年轻人，差一点没赶上火车吧？"贝当关切地问。

"不过我想，我准能赶得上，贝当上校。"戴高乐正襟危坐，赶紧回答。

"可是你刚才还在禁闭室里。"贝当严峻的脸上露出调侃的笑容。

"呵，既然处罚不公，我相信您在了解真相之后会撤消的。"戴高乐既像是恭维，又像是摸透了贝当的心思。几句话说得贝当心里舒舒服服，对年轻下属的欣赏自然有增无减。

1913年10月，戴高乐从军校毕业才一年，就被提升为中尉。此时他刚满24岁。

地狱之火

1914 年，第一次世界大战爆发了。

战争的直接导火索是，奥国王储弗朗茨·菲迪南在指挥军事演习时，被塞尔维亚的爱国者炸死了。于是奥匈帝国在德国的怂恿下，对塞尔维亚宣战；8 月 3 日，德国对法国宣战；英国因为德国入侵比利时宣布进入战争状态。于是，一场帝国主义的大厮杀开始了。

实质上真正的原因是各帝国主义国家为了争夺殖民地和重新瓜分世界。

面对这场战争，戴高乐看到的是，这是法国夺回被德国人抢占的领土的大好时机，也是他大显身手，实现自己抱负的机会。

他在日记里写道：

一个前途无量的人，受着高尚精神的强烈鼓舞，一旦选择了军队，就不会对这场战争漠不关心。

每个人都动员起来了，这种强压着的激情是我梦寐以求的。

他在给母亲的信中说：

法兰西将经历巨大的磨难，人生的乐趣就在于有一天能为她做出某种非凡的贡献，而我将有机会这样做。

当时的法国，上上下下同仇敌忾，充满着必胜的信心。

8月15日，戴高乐所在的步兵33团在马斯河大桥与德军遭遇。这是他第一次参加战斗，但是他没有恐惧，他带着满腔的激愤，指挥一个排勇敢地向德军进攻，他本人则冲在最前面。德军的机枪像雨点般扫射着，突然一颗子弹击中他的膝盖，他倒下了。他被送往后方医院，治疗休养了整整3个月。

就在戴高乐为自己参战时间如此短暂深深感到沮丧之际，战局的发展越来越不如人意。法国军队遭到一连串的失败，德军已逼近巴黎15公里远的地方，法国政府迁往波尔多。后来在霞飞、福煦等几位著名将领的努力下，才在马思河一带阻止了德军的进攻，战争处于胶着状态。

戴高乐伤愈后赶紧返回已调往香巴尼的33团。他多次到德军阵地去侦察，带回来很有价值的情报，受到师部的嘉奖和表彰。

1915年3月，他在香巴尼前线又一次受伤。治疗半年之后，晋升为上尉连长，受命指挥第十连。

1916年2月21日，德军以27万人的优势兵力，向法国北部要塞凡尔登大举进攻，大炮猛烈轰击了近九个小时。法军只有10万人，山头被削平了，工事轰垮了，形势岌岌可危。法国不得不调集增援部队，并任命贝当将军为要塞司令。贝当指挥有术，仗一直打到7月，凡尔登要塞终于保住了。贝当将军也成了闻名全国、令人敬仰的英雄。

戴高乐是在战斗最激烈的时候，主动申请到凡尔登前线的。3月1日，他所在的部队来到杜奥蒙阵地，德军用重炮猛轰，步兵在硝烟中发起了冲锋，法军士兵一片片倒在血泊中。

一个法国士兵突然高喊："援军来了！"

戴高乐回过头，看到一队戴着蓝色钢盔的"法国士兵"越来越近。忽然他发现，这是一群假扮法军的德国人，立即高呼：

"弟兄们，不要上当！冲上去！"

他第一个冲向德军，用刺刀与德军展开了残酷的肉搏战。这时一颗子弹飞来，他一下子倒在地上失去了知觉。有人看见了这一幕，他的名字被列入了阵亡者名单。

贝当元帅十分难过，决定授予戴高乐最高荣誉十字勋章。他在亲自签发的表彰令中写道：

指挥该连的戴高乐上尉，素以其在德、智训练方面的优异成绩著称。是日，其所在营遭敌猛烈炮轰，伤亡惨重。敌人又从四面向连队逼近，该员率部出击，与敌军展开肉搏战，这是不违背军人荣誉感的唯一选择。该员在激战中以身殉国，不愧为一位无与伦比的军官。

戴高乐并没死。他在昏迷中被俘，随后，在德国战俘营中度过两年零八个月的艰难岁月。

壮志未酬却身陷囹圄，没有什么比这件事更让戴高乐痛心的了。难道就乖乖地当俘虏吗？那么为法国效劳的理想呢？自己的前程呢？他迈着沉重的步伐，在俘虏营的院墙里走来走去，苦苦地思索着。他的头脑逐渐清晰：决不能坐以待毙，决不能放弃任何机会，我要逃出去！我会成功的！

第一次、第二次越狱都失败了，他被加了刑，被送到看管最严的因戈尔施塔特的第九堡垒。这里位于巴伐利亚中部，气候恶劣，伙食极差，面包是由黑麦、土豆和锯末做成的，有人发现，放了几天的面包在泥里滚几下，就成了能踢的橄榄球了。

戴高乐全神贯注地寻找逃跑的机会。他发现监狱医院与驻军总医院相连，而总医院在堡垒的高墙之外。

有一天，他把母亲寄来治疗冻疮的药膏吞下去了，他的双眼变黄了，好像得了黄疸病。他如愿以偿地被送进了医院。他收买了一个德国军官，弄到一套德国军装。于是在一天晚上，他穿上显得太短的德国军装，和穿得像德国男护士似的迪雷克——另一位装病的难友，一起溜出了监狱医院，借道驻军总医院走出了高墙。他们直奔190英里以外的瑞士边境，在大雨中奔走跋涉。倒霉的是最终没能逃出虎口，他又被人识破，抓回第九堡垒。

他不再做无望的努力，可是也没有悲观失望。他想：行动的成功之道是在任何时候的自我控制。更确切地说，这是取得成功的一个必不可少的条件。他开始在这种特殊的环境里锤炼自己的性格。

冷静下来的戴高乐把俘虏营当做大学，在这里学习和思考。

他是德文报纸最热心的读者，读完一遍再读一遍。"你在按照德国人的意志在洗脑吗？"一位难友不解地问。

"我是在学德语！这不是现成的课本吗？"戴高乐耸耸双肩，摊开两只手。

他的德语的确大有长进。

他还在报纸的字里行间寻觅德军的动向，并在笔记本上做摘录。

他迈着一双长腿，垂着眼睛，沿着惩罚营的广场一圈又一圈地走着，好像永远走不完似的，对别人的招呼也毫无知觉。他变得更孤僻了，可是他的脑子里正在思考着有关战争的种种问题。他会突然停下来，抓住一位难友，讨论他正在想的事情。

后来，他干脆给难友们上课了。他反思战场上的经历，讲战争的性质，讲坦克在未来战争中的作用。难友们兴趣盎然地倾听着，他的深刻见解让难友们肃然起敬，也为他赢得了"大元帅"的美妙绰号。

这些话题后来都成了他的第一部著作《敌人内部的倾轧》的主要内容。

永不屈服的戴高乐在7个月的"良好表现"之后，又开始不安分了。时间在飞逝，有那么多事情在等待他去做，怎能这样虚度光阴？他又在寻找逃跑的机会。有一次他穿上不知从哪儿弄来的平民服装，戴上假胡须和眼镜混出了营门外，还有一次藏在装满待洗衣服的箩筐里，差一点儿就溜出来了，最后却都以失败告终。

他重新按捺自己焦急的心情，静静地反思。是啊，他是勇敢的，他受过表彰，可是却没有立下赫赫战功，这是他最大的遗憾。1918 年 9 月 1 日，他写信给母亲诉说了自己内心的痛苦：

> 假如从现在起到战争结束之前，我不能重新参加战斗的话，我还会在军队里干下去吗？况且，等待我的又会是怎样平庸的前程呢？

战争终于结束了。1918 年 12 月，他回到法国，到达拉利格里，父亲带领全家人去火车站迎接他。

刚跳下火车的戴高乐激动地拥抱着父亲，又俯下身子紧紧地抱着泪流满面的母亲。

"夏尔，你受苦了。"母亲凝视着清瘦而略显憔悴的儿子，心疼地说。

"一切都过去了，不是吗？"戴高乐微笑着，眼神中多了几许镇定和成熟。

接下来的几天里，戴高乐尽情地享受着这得来不易的自由。他戴着勋章，与三个也是穿着军装的兄弟在庭院里合影，和父母双亲相互倾诉彼此的思念，享受着天伦之乐。

当夜晚降临的时候，他常常一个人站在庭院里，望着星空，陷入思索。

他得知 33 团损失惨重，基本上不复存在了，可以说他能活下来是个奇迹。这也许是命运之神对他的眷顾吧。虽然在逆境中，他始终没有放弃希望和努力，倔强地、几乎是固执地进行着另一种形式的搏斗，但是，因为参战时间的短暂，毕竟没让他实现为法兰西建功立业的人生理想。他已经 28 岁，时不我待啊！不能躺在遗憾上，他要认真地想一想，怎样走好下一步。

第六支华尔兹

1920 年 8 月，在波兰华沙，戴高乐身穿军装，戴着心爱的白手套，身躯笔直地在街道上踽踽独行。

一家糕点店的橱窗里陈列着美味点心，忽然吸引了他的目光。他走进去挑选了几块，然后走出店铺，坐在路旁供人休息的石凳上，用一只手的小拇指勾住拴点心的细绳，细心地观赏着诱人食欲的点心。

当时的法国有许多军官住在华沙，戴高乐很少参与同胞之间的社交，宁愿一个人独来独往，品味孤独。

波兰是一个多灾多难的国家。从 1772 年开始，它曾三度被俄、德、奥三国分割。第一次世界大战结束之后，它才获得了独立。

世界名人传记丛书

SHIJIE MINGRENZHUANJICONGSHU

　　美国和一些西方国家，对战后波兰的独立和统一很有兴趣，他们害怕那里出现政治真空，让新生的苏联钻空子。于是他们鼓励世界各地的波兰人，组建波兰志愿军，与波兰的军队会和。新波兰领导人得到协约国的认可，一心想扩充领土，向苏联大举进犯，侵占了乌克兰的大片领土。但是布琼尼将军率领苏联骑兵，高举战刀，像狂风扫落叶一般，把波兰人赶了出来。

　　苏联红军又开始进攻波兰，打响了华沙战役。红军的进攻又被同仇敌忾的波兰人所遏止。

　　戴高乐参与了这场战争，他与许多法国军官一样，是被波兰志愿军招聘来的，期限是一年。他参加了波兰第五轻步兵部队，到华沙以北的兰波尔托夫培训波兰军官。后来他又到波兰军事学院当教员。

　　他兴冲冲地来到波兰，是要弥补一战中参战太少的遗憾，他要更多地了解现代战争，把握它的脉搏。

　　波兰的经历让戴高乐获益匪浅。结合实战，他思考过许多军事问题，比如说，在运动战中，装甲部队必须集中，不能分散；还有士气的重要性，先是俄国人，后是波兰人，在保卫自己的家园时，都爆发出不可遏止的力量。这些思考都出现在他以后的著作中。

　　1920 年 11 月，戴高乐回到巴黎度假。

有一天，丹坎夫人来到他家里做客。在戴高乐很小的时候他们就相互认识。这位夫人见到而立之年的上尉，身材高大，目光深邃，透着一股勃勃英气，不由得想起了一个姑娘——饼干制造商旺德鲁的女儿伊冯娜。她想：这位姑娘与年轻的上尉不是很好的一对吗？难办的是听姑娘的母亲说，伊冯娜曾经拒绝过一位将军儿子的求婚，理由是那位青年是个军官，她不喜欢跟随军人到处奔波，过一种不安定的生活。如果她见到这位风华正茂的军官，会不会改变主意呢？

丹坎夫人找到旺德鲁夫人，谈起了戴高乐：

"我很早就认识他，从小就要强，有抱负。这几年在军队里干得很出色，依我看，将会是个很有发展前途的年轻人。"

丹坎夫人说得天花乱坠，好像得不到这位女婿将是天大的憾事。旺德鲁夫人动心了，于是她们就想出一个妙计。

两周之后，戴高乐一家来到巴黎的清秋沙龙，旺德鲁一家人也"恰好"来到这里，又"碰巧"遇到了丹坎夫人。丹坎夫人惊喜地大叫：

"天哪！你们怎么都到这里来了？这也许是上帝的意旨。我给你们介绍一下吧！"

戴高乐一下子被伊冯娜吸引住了。伊冯娜身材不高，额头稍稍突起，头上是浓密的黑发，黑色的大眼睛里流露出沉静和腼腆的神情。这是一个很有魅力的姑娘！戴高乐有些局促地同伊冯娜相互问候。

他们信步走到一幅画像前，这是法国诗人罗斯丹的画像。戴高乐一下子找到宣扬自己才华的机会，他的话多了起来，谈起少年时代对罗斯丹的崇拜，甚至忘情地背诵了好几首罗斯丹的长诗。他渊博的学识和过人的记忆力，使得伊冯娜对他崇拜不已，听得简直入了迷。

回到家里，伊冯娜依然兴奋不已，脸上泛着光彩，悄声对母亲说：

"妈妈，夏尔真是个很不错的青年。不过，他会不会因为我个子太矮而不喜欢我呢？"

旺德鲁夫人会心地笑了：

"你是不是有些喜欢上他了？不过，他可是个军人啊！"

"夏尔是有教养并且让人喜欢的人，这就足够了。"伊冯娜羞涩地垂下她的黑眼睛，像是回答母亲，又像是自言自语。

过了几天，旺德鲁一家人邀请戴高乐一家到家里喝茶，戴高乐迫不及待地跟着父母来了。他保持着军人的习惯，上身挺直地坐在那里，把手套和帽子放在膝盖上。

伊冯娜把一杯茶送到戴高乐面前。他接过茶杯，想放在帽子上，茶杯却一下子歪倒了，茶水洒到伊冯娜的裙子上。戴高乐窘得手足无措，一个劲地说：

"对不起，太对不起了！"

"这没什么，您不必介意。"伊冯娜安慰他，又大方主动地询问起他的军旅生涯。戴高乐渐渐走出尴尬，他生动的叙述让伊冯娜听得兴趣盎然。

一周之后，巴黎工艺学院在凡尔赛宫举行了盛大的舞会，富丽堂皇的大厅里来宾如云。很少参加社交活动的戴高乐竟然来到这里。

忽然，他的眼睛发亮了！伊冯娜正微笑着，与哥哥雅克站在一起。他快步走过去，问好之后，礼貌地对雅克说：

"您能允许我和伊冯娜跳场舞吗？"

"当然，我完全同意。"雅克含笑回答。他对这位上尉一直怀有好感。

戴高乐和伊冯娜挽着手走进舞池，他们悄声倾诉着自己的心声。当乐队演奏第六支华尔兹舞曲时，戴高乐终于鼓足勇气，向伊冯娜正式求婚。伊冯娜似乎一直在等待这句话，她害羞地点点头，欣然应允了。

几个月之后，戴高乐又一次从波兰回来度假。1921年4月7日，在加来圣母院教堂里，他和伊冯娜举办了简朴而隆重的婚礼，然后乘火车到马乔列湖度蜜月。

他在 1921 年初结束了在波兰的合同，回到巴黎定居。他与妻子的生活和谐而安定。

他没有忘记自己的理想，经过申请，他得到圣西尔军校助理教授的位置。

戴高乐的课讲得非常生动。他涉猎的书籍多，又有惊人的记忆力，还在中学时锻炼过演讲能力，再加上有实战的战例，所以课讲得深入浅出，把军事史都讲活了，学员们听得津津有味。

他戴着白手套上课，更成了课堂上独特的风景。

学校的教学任务并不繁重，这样他就有充分的时间陪伴妻子，或者是读书和写作，钻研军事科学。

戴高乐一家住的公寓恰好在学校与贝当元帅寓所之间的拐角处，贝当元帅在第一次世界大战中成了法国的英雄，他从 1917 年 5 月起任法军总司令，享有很高的声誉。戴高乐对他十分崇敬，经常携带妻子登门拜访。贝当元帅喜爱对权威观点敢于提出挑战的人，他十分欣赏戴高乐，自然欢迎他的拜访。在法国军界看来，年轻的上尉已经得到了法国元帅的特别保护。

1921 年 12 月，戴高乐夫妇的第一个孩子出生了，他是个男孩，年轻的父亲为他取了一个和贝当相同的名

SHIJIEMINGRENZHUANJICONGSHU 戴高乐

字——菲力浦。贝当如果不是娶了一位离过婚的妻子的话，很可能就会当上菲力浦的教父呢。

从此，伊冯娜专心地相夫教子。这位曾发誓不嫁军人的女人，为军人戴高乐营造了一个非常舒适温馨的环境。她温柔宽厚，举止文雅，是一个典型的贤妻良母。

戴高乐对自己的家庭感到心满意足。妻子成了他一生中最忠诚的伴侣；在危难中她与丈夫相濡以沫，在丈夫处于权力顶峰时，她始终保持着一颗平常心。

毫无牵挂的戴高乐开始积蓄力量，进行新的攀登。他要准备高等军事院校的入学考试了。

教授们被激怒了

戴高乐没有沉湎于安逸的生活中。他的胸中涌动着种种思绪：我已经31岁了，在军队中一直没有什么建树。可是像我这样的年龄，马其顿的亚历山大已经把半个世界征服了；拿破仑比我还年轻的时候已经成了将军。而我呢，始终没有机会充分展示自己的才华。

我要做一名优秀的军官，首先需要在理论上提高，我一定要继续深造！

于是，在1922年5月2日，他经过考试，如愿以偿地考取了高等军事学院。

刚入校的日子，他与同学们有些格格不入。圣西尔军校的白手套显示出他的与众不同。他很少与同学交流，总是挺直上身，表情严肃，沉默寡言，一副一本正经的模样。走路时如同一座雕像在移动。

他毫无顾忌地展示渊博的学识和能力，比如说在军事史方面的知识和见解，绝不比老师少，以至有的同学不时提醒他说：不要忘记，你的身份是学生，你不是老师。

可是同学们还是渐渐被他征服了。他们发现，他有极丰富的内心生活，还有他的乐观精神。在他们到坦克营、炮兵连和航空中队参加短期训练的途中，在同伴的大合唱中，总能见到他兴致勃勃、极为认真地参与。当然，更因为他的聪慧和才能，让同学们刮目相看。

糟糕的是，他越来越引起老师们的不满。

原来，当时军校的主要教材是一本1920年写的小册子。书里讲述的是如何在使用火力的基础上组织防御。所谓火力，是指把机枪、步兵作为战场的主力。

戴高乐并不完全反对这种观点，他当时也正在研究堡垒在历史上的作用。可是他认为，作为军校，不能只讲一种作战形式。他在波兰的经历让他看到运动战的巨

世界名人传记丛书

SHIJIEMINGRENZHUANJICONGSHU

大威力。他坚信，下一场战争中，随着坦克的使用和机械化程度的提高，运动战会起重要作用。

戴高乐不断用他的理论纠正老师的观点，令老师很恼火。老师们说他骄傲自满、不务正业。

尤其是 1924 年 3 月，他在校学习期间，出版了第一本军事著作《对敌作战》，这更是对教师权威的一种挑战。

毕业的时间到了。

1924 年 6 月 17 日，在最后一次作战演习中，戴高乐受命做"蓝军"指挥官。他率领着高度机动的部队，进行了闪电式的进攻，把"敌人"打得落花流水。这是用实际战例，推翻了院长穆瓦朗上校的消极防御理论。

更让这位院长怒不可遏的是这样一件事：穆瓦朗上校就演习中的事，向戴高乐提出了一个问题：

"你的右翼师左翼团的辎重队应该配置在什么地方？"

戴高乐却面向他的一个下属夏托厄伟说：

"这个问题由你来回答。"

穆瓦朗的脸色立即变了，这是对他尊严的挑战！他毫不让步：

"戴高乐，我问的是你！"

"上校，您把指挥一个军的任务交给我了，如果我还要承担理应属于下级的任务，我将会无暇思考怎样完成我应有的责任。杀鸡焉用牛刀！"

戴高乐面对上校，振振有辞。他又转过头，对他的下属严肃地说：

"夏托伊厄，请你回答上校的问题。"

这件事在全校引起轩然大波，戴高乐也一下子成了知名人物。

毕业的时间到了，在评定毕业成绩时，戴高乐的评分问题引起了激烈的争论。当时毕业生成绩有三个等级：优秀，良好，尚好。评委会的一位成员说：

"戴高乐是一位极有天赋的学员，他知识面宽，理解能力强，对军事理论有深入独到的见解。在实战演习中作风果断，能迅速准确地判断形势。他的成绩出类拔萃，应该评定为优秀。"

"我完全同意这个意见。戴高乐的成绩有目共睹。"又一位评委说。

这时一位头发花白的资深评委激动地站起来：

"诸位讲的可能是事实。但是他自命不凡，待人傲慢无礼，不能听取批评，实在让人难以忍受，更不要说与他共事了。这样的人决不是法国军队所需要的军官。"

"是啊！不管他多么有智慧，如果连上级的话有时都不听从，他怎么能要求他的下属服从纪律？没有纪律的军队还能发挥作用吗？"又一位评委扶了扶夹鼻眼镜，态度坚决地说：

"我以为根据这些意见，只能给戴高乐'尚好'的成绩。"

"同意！"

"同意！"

最后，主张"尚好"即第三等成绩的意见占了上风。

贝当元帅听说自己的爱徒遭受不公正待遇时，过问了这件事。这时新院长迪菲厄将军也认为成绩评定欠妥，他给评委会反复做工作，最后才给了戴高乐一个中等成绩——良好。

原院长穆瓦朗上校最后签署了成绩单，并写下评语：

戴高乐是一位理解力强、富有学识而又严肃认真的军人。才华出众，精明能干，颇堪造就。遗憾的是过分自信，好对他人意见吹毛求疵，而且俨然像个流亡的国王，大大损害了上述无可否认的优秀品质。

戴高乐义愤填膺，他大骂那些思想守旧的老师们：

"简直是白痴！我发誓永远不到这个学校来，除非是让我当校长。"

学校的评语立即影响了戴高乐的去向，因为只有被评为"优秀"的人才能到总参谋部工作，那是他向往已久的地方，在那里可以继续研究他心爱的战略和战术思想。

戴高乐被派往运输供应局，他的工作是负责军队司令部的厨房设备和冷冻食品储藏。几个月后，又被调到莱茵河法军参谋部。他的具体工作还是管供给和食品供养。对于一个胸怀韬略一心想成为大军事家的年轻军官来说，这些位置确实有点不伦不类。他像一只被剪断翅膀的雄鹰，为不能飞上高空搏击而苦闷和沮丧。

命运之神终于又来光顾戴高乐了。1925 年 7 月，在他毕业 9 个月之后，贝当元帅把他调入自己的办公室任私人参谋。这时的贝当已经是最高军事会议副主席，还是作为三军首脑的法军总监。对于戴高乐来说这真是正中下怀，他愉快地接受了这份工作。每天都能看到他戴着圆形礼帽，身穿西服，神彩奕奕地大步穿过战神广场去上班。他和其他几名年轻军官一起，组成写作班子，辅助贝当搞一些军事课题研究。

他工作勤奋，让贝当非常满意，有人戏称他是"贝当宠爱的小鸡"。

贝当对戴高乐在毕业时得到的不公平待遇一直耿耿于怀，甚至感到愤怒。他以前就对高等军事院校不满，认为教学思想陈旧，戴高乐的事情更印证了那些顽固派的荒谬。何况考试评委会居然敢不听他的意见！他又想起了自己的经历：

那是在1900年，贝当在国家射击学校做教员，因为提倡火力优先论而受到指责，并且被解聘。

后来他来到军事学院任教，他的这一理论又一次被当成奇谈怪论，还被剥夺了提升教授的资格。

那时正统的理论是把拿上刺刀冲锋当成作战的主要手段。

但是第一次世界大战中，许多战役都证明了贝当的军事理论是正确的。事情虽然已经过去多年，他却依然不能释怀。

忽然，一个念头出现在贝当的脑海中：他要以自己的权威地位，安排戴高乐到高等军事学院作系列演讲，好好教训一下那些自以为是的家伙！

1927年4月，一个戏剧性的场面出现了，这一天，军事学院的礼堂座无虚席。当学校的几位负责人恭敬地给贝当元帅让路时，贝当却让戴高乐走在前面。只见他身穿军装，胸前挂着奖章，昂首阔步，从容不迫地走上讲台。他摘下军帽，脱下白手套和佩剑放在讲台上，这时贝当元帅开始了简短的介绍：

"先生们，戴高乐上尉将向你们阐明他的观点。请大家注意听。"

军事学院的教授们惊得目瞪口呆，可是在元帅的权威面前，只好忍气吞声地像小学生似的洗耳恭听。

戴高乐第一讲的题目是"战争行动与领袖人物"。他口若悬河，旁征博引，面部表情和手势极富吸引力，知识的渊博和演讲技巧让人感到惊奇。但是，作为一个仅仅指挥过一个连的小小上尉，竟然大谈特谈领袖人物的作用和怎样成为领袖人物这样的高深课题，不能不让那些教授们怒不可遏。

他讲道：

"能够应付冲突、危机和重大事件的强人，在日常生活中，并不总是表现得为人随和，特别具有吸引人的魅力。他们往往生硬直率，不易妥协，社交上也不文雅体面。众人常常忽视他们，待他们不公，使他们的优势难以发挥。"

这好像是对他当年评语的反驳，又像是对贝当以前长时间不晋级打抱不平。难怪贝当一直是面带微笑，饶有兴味地聆听着。

一周之后，还有第二讲："领袖人物的性格"；第三讲："威望"。他讲述一个真正的领袖人物应该具备的品格。

三个星期下来，系列讲座结束时，教授们在心里嘀咕：戴高乐讲的领袖人物究竟是指谁呢？是吹捧贝当元帅，还是讲他自己？也许全包括？他们两个人确实很相像。

但是不管人们反响如何，戴高乐和贝当元帅总算出了一口恶气。

这次演讲让戴高乐出尽风头，大大提高了知名度。后来在贝当的支持下，他又在索邦大学的阶梯教室里，给一些作家、教授、政治家和学者再次进行了演讲，虽然反响平平，但是他内心里产生了一种极为满足的成就感，这就足够了。

1927 年，戴高乐晋升为少校，被任命为驻特里尔夫第十九轻步兵营的营长。

步兵总监马泰将军对人说：

"我派去的那个人是一位未来的大元帅！"

1929 年底，他被派往贝鲁特任职。

1932 年，他的又一部军事著作《剑刃》出版。这本书的主要内容就是在军事学院的三次演讲，书中论述了领袖人物的必备品质和应该履行的职责。他呼吁,在国家危难之际,军队的领导人应该挺身而出,担起领导人民战胜危机的重任。

他是在向人们宣布自己为之奋斗的人生目标。而且似乎在预言,总有一天,在国家需要的时候,他会成为应运而生的伟大人物。

孤独的呼号者

一个星期一的晚上,戴高乐打开办公桌的抽屉,拿出一本杂志放进上衣口袋,然后匆匆赶往迪梅尼酒家。有几位朋友早就等候在那里。这是戴高乐与几位志同道合的朋友的聚餐,每周一次。

戴高乐刚刚落座就拿出杂志说:

"你们看过《陆军士官生杂志》吗?"

"我看了,"一位叫纳香的人回答说,"杂志里那篇评论你的《剑刃》的文章,评价公允,写得很好。"

"不,我不是说那篇。我是说署名'业余研究者'的文章,其中论述了有关装甲师的问题。我完全赞同他的观点。"

戴高乐情绪激动地谈到严峻的国际形势，政府的麻木不仁。他说出了多次思考过的问题：

"我想，至少我们应当建立一支10万人的机械化部队。"

"你这个想法很有创见啊！"有人对他的提议发生了兴趣。于是大家七嘴八舌，讨论起这个问题，还谈到如何唤醒国民的国防意识，气氛十分热烈。

其中最引人注目的是聚会的主席埃米尔·梅耶上校，此人已年过八旬，却仍然精神矍铄，富有幽默感。他是一位思想敏锐，却得不到上司垂青，提升缓慢的人，和戴高乐一见如故，相见恨晚。

几个小时过去了。戴高乐兴奋地说：

"大家的意见都很有见地，我们是不是把它写成一本书，就叫它《建立职业军》吧。"

"不！那样太慢了，现在的局势很紧迫，我看还是先写一篇文章，一定要有爆炸性，能够引人注目，题目就听戴高乐的意见。"梅耶上校一锤定音。

这个聚餐会是缘何而来的呢？

戴高乐1932年从地中海中部返回法国，曾担任贝当主持的最高国防委员会秘书。这是一个接近军事决策

剑刃

戴高乐

核心的位置，让戴高乐受益匪浅。他接受了"战时动员和组织国家人力与物力"的研究课题，写出一篇《海外的经济动员》的文章，刊登在 1934 年 1 月 1 日的《法兰西军事评论》上。他在文章中呼吁：德国正在崛起，法国应当首先稳定和发展经济。同时，它的当务之急是尽快建立一支现代化的国防军。

他是想唤起公众的舆论支持，让政府通过一个战前动员法。可是直到一年半后，有关议案才提交国民议会。等到上议院批准的时候，距离第二次世界大战爆发只有一年零一个月的时间了。

那是法国政局极不稳定的岁月，也是第一次世界大战中战败国之一的德国蠢蠢欲动，重新崛起的时期。

德国的垄断资产阶级要复仇，要东山再起。机会终于来了：原来各帝国主义国家一直在钩心斗角，美国想利用德国牵制英、法；英国想用德国牵制欧洲大陆的对手法国；英、法、美又共同想把德国变成反对苏联的桥头堡。

财大气粗的德国越来越不安分，它要在政治上分一杯羹。1924 年 8 月，德国要求加入国联，解除战争责任，还要修改凡尔赛和约，抢回它的殖民地。

令人不可思议的是，1926 年，战胜国真的同意接受德国加入国联，还给了一个行政院常任理事国的席位。德国在政治上与战胜国平起平坐了。

德国的野心在膨胀。他们悄悄地重整军备，扩大军队。到1930年，军队和半军事化部队已有37.4万人。德国的军国主义复活了！

战争的阴云在全世界的上空翻滚弥漫。

眼睛始终盯着国际形势的戴高乐，预感到法兰西将面临巨大的灾难。他忧心忡忡，竭尽全力呼吁建立一支强有力的军队。可是无论在军内，还是政府里，都是阻力重重。于是，他和一些志同道合的朋友走到一起，苦苦思索着，寻找着一条拯救危机的路。所以才有了本章开头的一幕。

戴高乐执笔的《建立职业军》一文在《政治与议会评论》杂志上发表了。时间是1933年5月10日。遗憾的是，文章只是惹恼了法军高级将领，除此之外，没有达到引人关注的预期效果。

还有人警告戴高乐，要珍惜自己的前程。

此时此刻，法西斯头子希特勒已经攫取了德国总理的宝座，德国正在对各国虎视眈眈。

戴高乐在想：怎样才能打动那些花岗岩脑袋呢？一篇文章的分量远远不够，还是多搜集一些资料，写成一本专著吧！时不我待，我要赶紧行动！1934年5月，专著终于出版，书的名字还是《建立职业军》。

这部书的开头，戴高乐以敏锐的目光提醒人们：法国与比利时接壤的边界是最薄弱环节。唯一的办法是建立一支精悍的机械化的职业军，它将有极大的机动能力、毁灭性的火力和在突击攻击中去突破任何战线的能力。

他在书中大声疾呼：这是一把在冲突中，可以保护"这个易受攻击民族的长剑，法兰西应该立即将其紧握在手。"

遗憾的是这本切中时弊、提出救国药方的书却没有受到应有的重视，只有少数人支持这些观点，军队的最高统帅部依然无动于衷。

最有讽刺意味的是，这本书在德国备受关注。听说希特勒还请人给他读过这本书呢。

戴高乐并没有气馁，他不顾自己位低言轻，以坚韧不拔的毅力到处游说，慷慨陈辞，力求争取支持。他终于遇到知音——曾任过财政部长的国会议员保罗·雷诺。

1935年3月15日，雷诺在国会借机发表演说，提出了戴高乐建立职业军的方案，要求最晚在1940年4月

15 日以前实施这个计划。他说："不建立这个装甲师，我们就会丧失一切！"

他以雄辩的口才，感染、震撼了一些人。

但是陆军委员会坚决拒绝这样做。新任陆军部长莫林将军竟然下令把戴高乐的名字从晋升名单中勾掉。那时，戴高乐已经做了四年中校。

国际形势的变化越来越险恶。

1936 年 10 月的某一天，法国新总理莱昂·勃鲁姆召见戴高乐，忧心忡忡地谈到希特勒的战争野心。

戴高乐耸耸双肩，瞪着一双大眼睛，提高声音说：

"问题很简单，我们就守在要塞的城墙垛子里，看着欧洲被奴役好啦！"

莱昂怒气冲冲地讥讽："你总不能派一支远征军到奥地利和波兰吧？"

"但是我们可以进攻莱茵，进攻鲁尔啊！只要我们能做这些反击，就会制止侵略行为。现在我们的军事体系让我们动弹不得，而装甲兵团却能做到这一切！"

莱昂开始认真考虑戴高乐的意见。不久，他领导的政府拟订了一个国防开支计划，其中很大一部分款项用来添置坦克和飞机，可是并没有单独地组建机械化部队，还是分散到各部队中，用于配合作战。

关键是法军的战略思想没有从根本上改变！

无可奈何的戴高乐只能在自己的权力范围内实践他的军事理论。

1937 年底，他晋升为驻梅斯的 507 坦克团的上校团长。他大搞坦克战的演习，还得到一个绝妙的绰号——"摩托上校"。

不久，他又被调到阿尔萨斯，指挥第五集团军的坦克旅，实际上只有几十辆轻型坦克。

他不得不用军事著作不停地呼吁。

1938 年末，戴高乐又一部军事著作《法兰西和她的军队》出版。在书中他指出：军队像一面镜子，国家的灵魂和命运都反映在其中。他呼吁：要加强军队的战斗力，要加强战备！

那些头脑昏聩却自以为是的军政界要员们，对戴高乐的呼吁依然不加理睬。

他们最终为此付出了沉重的代价！

一

亡命英伦

他一个人远赴异乡，高擎起抗战
的大旗，高呼："我就是法兰西！"

临危受命

戴高乐上校率部驻守在阿尔萨斯时，法国真的遇到了危机。

羽毛渐丰的纳粹德国多次挑衅，他们武装占领了奥地利，吞并了捷克斯洛伐克。

英国的张伯伦政府和法国总理达拉第却在慕尼黑会议上对希特勒卑躬屈膝，一味忍让。第二次世界大战终于爆发了。

1939年9月1日凌晨，闪着鬼火似翼灯的2000多架德国飞机，蝗虫般遮天盖地地飞向波兰。还有58个战斗师、2500辆坦克从三个方向，以闪电战术迅速占领了波兰首都华沙，进行了灭绝人性的大屠杀。

英国和法国政府因为与波兰有盟约在先，迫于压力，不得已于9月3日向德国宣战。但是他们只是静观战局，按兵不动，西线异常平静。

一直在呼吁要法国铸造一把保卫家国之剑的戴高乐忧心如焚，又一次奔走呼号。

1939 年 11 月，他写信给法军总参谋部，再一次指出，不能依赖漫长而绵亘的防线，重申装甲部队的重要作用，呼吁立即组建机械化部队。

他的建议遭到否定。

1940 年 1 月 26 日，他又写了一份备忘录，题为《机械化部队的产生》，分送给十几位军政要员。

他的建议又一次被高层政要拒绝。

就在此时，德国人一边大念和平经，继续麻痹英法两国，一边又用武力征服了丹麦和挪威。整个西方被一种失败主义的情绪所笼罩。

不久，英国的张伯伦政府被迫下台，力主抗战的丘吉尔首相执掌大权。

黑暗的夜空终于透出一线曙光。

1940 年 3 月 21 日，法国总统请雷诺重新组阁。雷诺一向是戴高乐的支持者，他急切地邀请戴高乐到巴黎来，想让戴高乐担任新的军事会议副国务秘书，受托为总理起草向议会发表的第一个声明。

戴高乐终于盼来了为国家效劳的机会，立即匆匆赶往巴黎。可是他很快发现，议会里充满了政客们的钩心斗角和腐败气味，最糟的是原总理拉达第还在内阁里担任国防和陆军部长——这是要雷诺组阁的先决条件。这位部长一听说戴高乐的新任命，立即威胁雷诺：

"您如果坚持这项任命，那么，您还是请戴高乐坐在我的办公室里，我将辞去内阁职务。"

雷诺不能让新组成的内阁垮台，只好被迫收回对戴高乐的任命。

戴高乐满怀希望地来了，又悲愤地走了。

法国新内阁仍在无休止地争吵、辩论，雷诺总理寸步难行，完全被悲观主义和失败主义所包围。

1940 年 5 月 10 日，希特勒打破了西线的平静，向荷兰、比利时、卢森堡发动了闪电式进攻。紧接着，德国军队以庞大的坦克部队为前导，从马奇诺防线的北端、法比边境的阿登山区长驱直入法国。而那里正是法军防御最差的地方。5 月 14 日，德军攻下法国北部的战略要地色当，那是 1870 年普法战争时，拿破仑三世向毛奇投降之地。

第二天，德军更大的攻势开始了，一支坦克部队分三路纵队，突破了法军第九、第二集团军的防线，铺天盖地地向法国北方涌来。

此时，荷兰早已无力招架，宣布向德国投降。

形势万分危机！

法国总理雷诺打电话给丘吉尔！

"我们打败了！我们打败了！"

情急之下，高官们才想起戴高乐，在 5 月 15 日，杜芝克将军把他召到总部说：

"戴高乐上校，现在命令你组建并指挥第四装甲师，在埃纳河和埃勒特河上建立一道防线，阻止敌人进犯巴黎。"

"是！一定完成任务。"戴高乐行了一个军礼，用坚定自信的语气回答。

其实，所谓的装甲师还连影子都没有，当时法军虽有 3000 辆坦克，却分散在各步兵团。他来到拉昂，在城东南的布鲁耶设立了指挥部。他乘车巡视周边地区，看到一群群难民正向南方奔逃，所有的道路都堵塞了。忽然他发现难民中有不少解除了武装的法军士兵。

"喂！怎么回事？"他拦住一个士兵问。那个士兵告诉他：

"我们正在行军，德国人的装甲部队突然出现在面前，他们命令我们放下武器，一直向南走。还说：'我们没时间俘虏你们，你们不要在前面挡道！'"

听了敌人的狂妄叫嚣，戴高乐抑制不住内心的怒火，愤愤地在心里发誓：今后无论打到哪里，无论打多久，不打垮德国人，不洗雪国耻，我决不罢休！

　　5月17日拂晓，只有三个坦克营到戴高乐的指挥部报到。这些部队战前没经过认真的训练，很多坦克兵驾驶时数总共还不到4小时，军官和士兵有的是在战场上刚刚相识。

　　戴高乐用最快的速度把他们组织起来，经过简短的动员，在天色微明时就投入战斗。尽管法军没有先进的通讯设备，只能用摩托传令兵去联络，但是戴高乐高昂的斗志感染了士兵们。他们横扫敌军，迅速到达莫科尔内，来到塞尔河边。

　　因为缺乏后援，部队无法抢渡，法国的大炮又迟迟没有进入阵地，只能被动地挨敌军炮弹的轰击。

　　下午，德国空军又来助威，一队队轰炸机随着一声声怪叫，把炸弹投向法军的坦克。顽强的戴高乐没有被敌我力量对比的悬殊吓倒，他头脑冷静，用恰当的战术指挥部队勇敢地出击。

　　当夜晚到来的时候，他们以损失不到200人的代价，换取了俘虏130名德军、击毙数百名敌人的辉煌战绩。

　　小小的胜利稳定了军心、民心，难民不再向南逃跑了。

　　一周之后，他又奉命去塞纳河一线狙击敌人。5月

31 日，他们向一个桥头堡发起攻击，已经升为准将的戴高乐率领他的第四装甲师，突入敌防线 14 公里，俘敌数百名，还获得大批战利品。

但是，这些小小的局部胜利并不能挽救整个战局。

5 月 28 日清晨，比利时国王奥波德三世向德国无条件投降。他无可奈何地打开国门，让德军于英法军队的侧翼长驱直入，把 25 万英军和 10 万法军包围在加来地区的敦刻尔克。

巴黎的军政高层领导人被吓坏了，他们已经准备向德国屈膝投降了。

英国首相丘吉尔赶紧飞到巴黎，迎接他的法国将军伊斯梅沮丧地说：

"预料最多不过几天，德军就会进入巴黎。"他两眼无神，就像斗败的公鸡。

丘吉尔来到法国外交部，院里有几堆火，几个官员正在焚烧文件，看来是在准备撤退。他会见了总理雷诺，国防部兼陆军部长达拉第和甘默林将军，每个人的脸色都很阴郁。丘吉尔问道：

"你们的战略后备队在哪里？"

回答他的是沉默。

丘吉尔又用法语问：

"你们的机动部队在哪里？"

"一个也没有。"甘默林将军耸耸双肩，低垂着眼睛。

丘吉尔目瞪口呆。他不得不千方百计地给同盟者打气：色当的突破不是致命的，局势虽严重，还不是不可救药。他承诺将派 10 个战斗机中队来支援法国，希望法国一定要坚持战斗。

雷诺受到鼓舞，对内阁和最高统帅部进行改组。他调达拉第主管外交，由自己任国防兼陆军部长，让魏刚将军接替甘默林，还任命贝当元帅任副总理兼国家军事委员会副主席。

雷诺满心希望新内阁能领导抗战，可是贝当已经 84 岁，只是沉湎在昔日的光荣里，已无力思考严峻的现实问题；魏刚将军则干脆认为，再打下去已毫无意义。他的意见竟得到贝当的支持。

新内阁的投降倾向让雷诺焦急万分。他不再顾及压力，毅然决定任命戴高乐任国防和陆军副部长。从此，戴高乐终于走上法国的政治舞台。

戴高乐急匆匆地赶到巴黎，在爱丽舍宫总理办公室会见了雷诺。他说：

"您不该让贝当元帅参加内阁，他已完全被失败主义情绪所控制，您将来会后悔的。"

雷诺耸耸双肩，咕噜道：

"把他放在里边总比放在外面好。"

戴高乐诚恳地望着这位总理说：

"最高统帅部已经被吓倒，政府里笼罩着一种绝望气氛，贝当元帅将会让今后的局势按照他们的设想发展。1940 年的战争我们打败了，但我们不该放弃，我们还可以打赢另一场战争。"

他提出了具有远见卓识的建议：

"我们要尽可能坚持在欧洲大陆作战，同时必须下决心，准备在法兰西帝国内继续作战。现在有几件事急需安排！把战争物资运往北非；不管我们对英国人有多大意见，都必须和他们保持密切的联系。"

他的眼睛透出坚毅的神情，请求说：

"就由我来负责处理这些事情吧！"

雷诺被戴高乐坚定的抗战决心和热情所感动，满意地说：

"我很同意你的想法，现在首先要做的是，请您尽快前往伦敦，去见丘吉尔首相，告诉他我们作战到底的决心。"

戴高乐于 6 月 9 日清晨，在总理外交秘书的陪同下飞往伦敦,在唐宁街10号,拜会了丘吉乐。会谈没什么实质性进展。因为丘吉尔虽然对戴高乐的抗战决心深为赞赏,但是他对法国军队能否取胜已失去信心,还拒绝了增派飞行中队支援法国的要求。

战局的发展日益险恶。希特勒发动了大规模的进攻,强劲的机械化部队从横贯法国的400英里宽的战线上席卷而来。法国军队的主力被消灭了,德军已兵临巴黎城下。

当晚,戴高乐刚从伦敦回来就赶到雷诺家里。雷诺惊恐万状地询问戴高乐:

"现在政府该怎么办?"

"立即迁往非洲。我们要和盟国一起坚持战斗!"戴高乐斩钉截铁地回答。

6月13日,丘吉尔又对巴黎进行最后一次访问,双方举行了会谈。

丘吉尔在对法国人民的牺牲表示同情之后,重申:

"英国人在任何情况下都不会放弃战斗。不论在什么地方,发生什么事情,我们都会战斗到底!"

他还说:

"希望法国能继续战斗,如果必要的话,就到北非去坚持斗争。"

可是贝当和魏刚的决心已定，他们逼迫政府下停战令，说什么法国已经无能为力，它有权与德国单独媾和。

丘吉尔在无可奈何之际，只好有条件地同意了法国政府违背同盟的决定。但是他的内心是痛苦的。

与丘吉尔同行的斯皮尔斯将军走到戴高乐身边，低声问道：

"尊敬的将军阁下，您的意见如何？"

"我们应该战斗！只要我们团结一致，就能够取得最后胜利！"戴高乐坚定地回答。

会谈结束了。丘吉尔走出大门，看到戴高乐面无表情地呆立在门口。他低声用法语向戴高乐致意，称之为"应运而生的人"。

戴高乐发现政府正做逃跑的准备，愤然决定辞去自己的职务。内政部长乔治·蒙代尔赶紧前来劝阻：

"世界大战刚刚开始，将来您将要去完成神圣的使命。您目前的地位，一定会给您带来便利。"

这确实是很有远见的话，戴高乐冷静下来，终于没有递交辞呈。

贝当和魏刚擅自宣布：巴黎是不设防的城。

1940年6月14日，德国军队耀武扬威地开进巴黎，卍字旗在埃菲尔铁塔上端飘荡。

法国政府迁往波尔多。

戴高乐没有放弃最后的努力，他对雷诺说：

"我尽力协助你，那是为了战斗。我决不会屈从停战协定。我们必须尽快迁往非洲的阿尔及尔，到那里继续战斗。您究竟是去还是不去？"

"当然去。"雷诺回答。

"我明天就去伦敦，设法请英国人协助解决运输问题。以后到什么地方找你？"

"到阿尔及尔。"

戴高乐匆匆启程。他刚到伦敦，雷诺就变卦了，他拍电报给丘吉尔，要求单独对德媾和。忧心如焚的戴高乐和丘吉尔协商，找出了一个应急办法——建立英法联盟，即英、法不再是两个国家，将共同担起战争的责任。戴高乐把《联盟宣言》草稿用电话告诉雷诺，给他打气，丘吉尔也对着话筒喊叫："你要坚持住！"

法国政府中的投降派们坚决反对。贝当说：

"不出三个星期，英国就会像一只小鸡似的被人拧住它的脖子。同英国联盟与和死尸联盟有什么两样？"

雷诺被迫辞职，贝当奉总统之命组织新政府。

戴高乐清醒地意识到，他与法国政府决裂的时刻到了。在民族危亡之际，为了挽救法兰西，他必须到英国

去继续战斗。他面见雷诺，把自己的决定告诉他：

"就是粉身碎骨，我也要战斗下去！"

雷诺神色沮丧，他握住戴高乐的手，说出肺腑之言：

"将军，我现在唯一能做的事是利用我手中仅存的一点权力，从总理秘密款项中拿出 10 万法郎，给你做活动经费。就算是对你的支持吧！"戴高乐神色黯然地紧紧握住了雷诺的手。

第二天，即 1940 年 6 月 17 日上午 10 时，戴高乐到机场为斯皮尔斯将军送行。当发动机发出轰鸣，飞机即将滑行时，戴高乐突然快步登上飞机，然后关闭舱门。当飞机飞上蓝天时，监视戴高乐的秘密警察还一脸茫然，不知道发生了什么事哩！

这架载着法兰西希望的飞机，正在飞往英国首都伦敦，法国历史将从那里开始，翻开有决定意义的新的一页。

6·18—— 一个永载史册的日子

刚来到英国的日子，戴高乐像是一个沙漠中孤独的跋涉者，又像是一只沉船，在海难后被抛向英国的海滩。他一无所有，唯一拥有的是坚定的意志和赤诚的爱国之心。他一刻也没有停止思考，他在苦苦地寻求着救国之路。

让法国以战败国的身份退出大战，然后等待盟国的救援吗？

不！他绝不能接受！法国还应该作为一个国家来投入战斗，还要千方百计争取最后的胜利！

目标确定了，下一步是立即采取行动，无论如何还有英国首相丘吉尔的支持，丘吉尔早就认为这位身材高大、面色冷峻的军官是"应运而生的人"。

戴高乐决心依靠丘吉尔的支持，要求使用英国广播电台发表讲话，他要公开宣布奋斗目标，号召法国人民起来战斗！

丘吉尔欣然同意。他们商定，一旦贝当向德国求和就立即发表广播讲话。

当天晚上就传来了贝当已向法西斯德国求和的消息，他通过西班牙大使向德国要求停战。

一个历史性的时刻即将来到了。

1940年6月18日下午6时，戴高乐走进广播电台的播音室，神情庄重地端坐在麦克风前，以浑厚的声音开始向法国发表首次广播讲话：

"政府断定我国军队失败，已经开始和敌人进行交涉，以便停止敌对行动。可以肯定，无论在地面还是天空，我们过去和现在都被敌人的机械化部队压倒……"

"但这是最后的结局吗？我们是否必须放弃一切希望呢？我们的失败是否已成定局而无法挽救了呢？我对这些问题的回答是不！决不！"

接着，他分析了为什么说法国没有失败，因为"法国不是孤单的"，它可以和美国结成联盟，还可以利用美国的资源。

他从整个世界的格局看待法国的暂时受挫，得出了富有远见的结论：

"法国之战没有决定斗争的结局，今天我们被机械化实力的无情力量击败了，但是我们还能瞩望未来，更加强大的机械化力量将给我们带来胜利，世界的命运还有待决定。"

他诚恳地呼吁：

"我是戴高乐将军，我现在在伦敦。我向目前在英国土地上和将要到英国土地上的持有武器或没有武器的法国官兵发出号召，我向目前在英国土地上和将要到英国土地上的军火工厂的工程师和技术工人发出号召，请你们和我取得联系。"

"无论发生什么事，法国抵抗的火焰不能熄灭，也决不会熄灭！"

戴高乐的"6·18宣言"对法兰西民族来说，是一篇战斗的檄文，它让全世界看到，法国是有希望的，它还在战斗；对他本人来说，这是他一生最辉煌的时刻，为他确立了法国的战斗旗手、著名的反法西斯英雄的历史地位。

此时的戴高乐心情却十分沉重，他明白"随着那覆水难收的言词滔滔涌出"，在他49岁的年纪，将要开始去冒险，去完成一个史无前例的事业。他认定：没有谁比他更有资格，让法国回到斗争中去。

就在广播讲话之前，他还抱着一线希望，给波尔多的政府拍发电报，希望政府能选择战斗；讲话之后，他又电请魏刚将军领导抵抗运动。可是他得到的回答是命令他回国，到图卢兹的圣米歇尔监狱去投降，交给战争委员会审判。这个所谓的战争委员会竟然把戴高乐缺席判处了"死刑"！

戴高乐对政府彻底失望了，他在19日又发表了第二次广播讲话，他再一次大声疾呼：

"一切仍有武器在手的法国人，继续抗战是我们义不容辞的责任。放下武器，撤离军事阵地，或同意把属于法国的任何一片领土交给敌人控制，都是对祖国的犯罪！"

戴高乐立即开始了行动。

他打电报给法国驻海外殖民地当局，告诉他们，他正在筹建法兰西民族委员会，用以协调所有抗战组织的行动，约请他们参加委员会。

这些总督们不加理睬，还嘲笑戴高乐"是一个野心勃勃、追名逐利，不久前才被提升上来的准将"，唯一能说得出的经历是"在已下野的雷诺内阁中担任过国防和陆军部次长而已"。

当时法国处于一片混乱中，很难听到国外的广播。听到的人也不知道戴高乐是何许人。至于政府中，多数人并没有对贝当政府的合法性提出疑问。连坚持主张抵抗的莫内也表示，不想与伦敦的法国人组织有任何联系。驻伦敦的法国大使科尔班用辞职来抗议政府的投降，却也表示不愿跟着戴高乐走。而在伦敦的法国军人有五名以上比戴高乐军衔高的人，都想回到贝当的政府中。

总之，真正想到戴高乐旗帜下的人太少了，他感到莫大的痛苦。更让他难过的是，一些国家虽然对法国表示同情，却承认了既成的事实。就是在英国，战时内阁和军队的高级官员多数对戴高乐持怀疑态度，甚至设置障碍。

这时只有丘吉尔对法国的抵抗运动鼎力相助。但是他也在想：能不能找一个更有名气、有更高地位的人领导抵抗运动呢？他派人和法国的前内阁大臣蒙代尔联系，还想争取北非总司令兼摩洛哥总督诺盖将军，要他们和在伦敦的法国人共同抗战，结果都遭到了拒绝。

是历史的大潮把戴高乐推到前面，除了他，没有人能担负起如此重大而艰巨的责任。

一幕法国投降派导演的丑剧正在上演：

1940 年 6 月 22 日，波尔多政府和德国对停战协定达成了协议。签字仪式在贡比涅森林中间的一块空地上进行。这是希特勒选定的地点。1918 年 11 月 25 日，在这里的一节车厢里，战败国德国与法国福煦元帅签订了停战协定；二十多年后，希特勒用仇恨和蔑视的目光，扫视着法国人立下的胜利纪念碑，以不可一世的神态坐在福煦元帅当年坐过的椅子上，签订了法国向德国求和的停战协议。

这真是一幕历史的悲剧。

按照协定，德国给法国划定一片未占领区——法国南部和东部，由贝当政府主管，首都设在维希。

紧接着，在 7 月 10 日，两院联席会议授权贝当政府全权制定新宪法，这是在宣布法兰西第三共和国的灭亡。一个新的政权机构——维希政府出现了。

戴高乐义愤填膺，他在伦敦发表声明，指示维希政府已经丧失了正统性，它不能代表法国。他正式宣布，成立"自由法国运动"，代表这个运动的格林十字旗帜，高高地飘扬在伦敦的上空。

6 月 28 日，英国政府发表公告。承认戴高乐是"自由法国运动"的领袖。

丘吉尔坚定地说：

"如果你只是孤身一人，那也没关系，我就承认你一个人！"

于是就出现了独特的景观：一边是自称合法的维希政府，还得到很多国家承认；一边是只有英国人承认的"自由法国运动"。

戴高乐决定建立一支军队。他知道没有武装就不会有法国，建立一个战斗部队比什么都重要。只有在战斗，才能证明法国的存在，才能重现法兰西的尊严。一定要让法国重新回到战争中去，要让法国的军队重上战场，让全世界都相信：法国还在战斗！

他满怀信心地看到，在英国有一个师的法国阿尔卑斯骑兵师，他们曾在挪威作战后撤退到这里；在英国的医院里有数千名逐渐康复的法军伤员；在英国港口还有1万名法军官兵和10万吨级舰船。

戴高乐和他的助手们到处奔波游说，哪里有撤退下来的法国军人，他们就出现在哪里。一个星期过去了，只招来区区几百人的志愿兵。

丘吉尔仍在热情地支持戴高乐，把一处体育馆借给这个寄人篱下的法国将军，作为招兵基地和法国人的联络处。

6月29日，戴高乐来到利物浦附近的特伦特公园，阿尔卑斯轻步兵营驻在这里。部队的指挥员贝杜阿将军是戴高乐圣西尔军校的同学，他本人虽然决定返回法国，却对这位执拗的老同学伸出援助之手。戴高乐在这里招募到外籍军团两个营，二百多名阿尔卑斯步兵，一个坦克连的大部分，还有通讯兵、炮兵和工兵。

几天后他来到哈罗公园，有200名伤兵愿意加入"自由法国"。后来有两艘潜艇和一艘巡逻艇，还有几十名飞行员，都表示愿意追随他。

一些人不断从法国逃出来，投奔戴高乐。6月30日，第一位有高级军衔的人——米塞利埃海军中将来到伦敦，让戴高乐兴奋不已。接着，军队中一些不甘心投

降的中高级军官，也历尽艰险来到他的身边。这里有从西贡赶来的卡特鲁上将，是戴高乐当年在德国战俘营中的难友。英国内阁希望他取代职位低的戴高乐，被他断然拒绝，他宁愿服从戴高乐的领导。

让戴高乐欣慰的是到 7 月底，聚集在格林十字旗下的法国官兵已有 7000 人。当然对于面临救国的大任来说，这个数字实在是微不足道。

"天哪！这剑身是如何的短啊！"一直在苦心铸造长剑——法国军队的戴高乐在感叹。可这毕竟是"自由法国"自己的军队，更何况陆海空军都齐备啊！

戴高乐在兴奋中迎来了法国国庆节。他要充分利用这个特殊的日子，为他的军队造势。

7 月 14 日，沐浴着灿烂阳光的戴高乐将军穿着军装，站在脚下的高台阶上，庄严地检阅着他的军队。一队队士兵步伐整齐地从他面前走过，昂首挺胸地迎着英国观众赞赏的目光。望着他历尽艰辛奋斗的果实，也是法国东山再起的唯一资本，已年属半百的将军真是感慨万千。他深深地感到自己责任的重大，使命的神圣。检阅之后，他率领全体官兵来到法国一战时的英雄福煦元帅塑像前，敬献红、白、蓝三色花圈。这一切行动的目的，已经在前一天的广播里向世人骄傲地宣布了：

法国同胞们！请认清这一点，你们还有一支战斗的队伍存在！

有战斗的队伍，就会有光复祖国的希望。戴高乐在给苦难中的同胞打气。

一周之后，法国飞行员参加了英国皇家空军对德国鲁尔地区的轰炸。这是戴高乐一再坚决要求的，他在用行动证明：自由法国已经投入了战斗！

一个月之后，他的军队又接受了英国国王乔治六世的检阅。

孤独的戴高乐不再是孤家寡人，时势已经把他造就成为一位有影响力的真正的领袖人物。

走自己的路

1940 年 8 月，自由法国总部迁到卡尔顿花园 4 号。这里比原先所在的圣史蒂芬大厦宽敞多了。戴高乐的办公室在四楼，站在窗前可以俯瞰美丽的泰晤士河。

戴高乐的思绪有如奔腾的河水，一刻也没有停息。他正在考虑组建一个机构，既能指挥作战，又可与盟国建立一种经常性的联系。到适当的时机，它将取代维希政府，成为真正代表法兰西的唯一合法政府。

起步将会是异常艰难的。那些有名气、有地位、有影响的法国人不是还离得远远的吗？现在组成政府机构时机还不成熟，第一步应该建立一个法兰西民族委员会。

其实，他身边早有一套人马在工作。各个部门如行政、财务、宣传、军事、对外联络等都有专人负责，它已经是一个政权的雏型。

8月7日，戴高乐与丘吉尔达成了一项协议，叫做《丘吉尔——戴高乐协议》。在协议中，戴高乐坚持：英国要保证重新恢复法国本土和它的国家疆界，还规定"自由法国"的开支由英国暂时垫付，但是要单独立账，以后要予以偿还。由于力量相差悬殊，戴高乐不得不承认，英法两国在联合行动时，最高指挥权属于英国。但是他保留了对"自由法国"军队的最高指挥权。总之，协议既为"自由法国"摆脱了物质困难，又保持了法国的荣誉和独立自主。

戴高乐对这份协议很满意。英国成了带头羊，一些在伦敦的欧洲国家的流亡政府，也紧跟英国，乖乖地承认了"自由法国"。

　　不过，协议中还是规定了戴高乐要接受英国统帅部的一般指示，这让他陡然产生了一种寄人篱下的感觉：是啊！总不能处处依赖英国，我应该去开创一条独立发展的道路，我需要开创自己的根据地。

　　他看准了非洲（那里有许多法属殖民地），他想在那里建立抗击德国人的根据地，借以动摇维希政权的基础。有了立足点，就不用事事受英国的牵制，还可以和英美讨价还价。最重要的是，可以结束"自由法国"的流亡生涯，在法国的属地独立自由地行使权力。

　　他先瞄准了北非，那里的主管诺盖将军固执地说：

　　"我将忠于贝当政府，除此之外没有别的选择。"

　　他只好到赤道非洲。8月末，他派出一个代表团，在他们的努力下，乍得、刚果、喀麦隆和乌班吉（即后来的中非共和国），都通电表示支持戴高乐。

　　下一步是怎样拿下法属西非。戴高乐绞尽脑汁，制订了一个尽量避免大规模流血，并得到英国从海上支援的计划。

　　他来到唐宁街10号丘吉尔的官邸，把计划交给丘吉尔征求意见。丘吉尔看过之后当即表示：

　　"不，我的将军，这个计划是不可取的，它将使我们的一支舰队长期滞留在非洲，这对战争将是非常不利的。"

他提出了建立英法联合远征军的计划。富于激情的丘吉尔一边在地上踱来踱去，一边描绘着远征军出发后将要发生的景象：

"这将是达喀尔的一个不寻常的黎明。当人们醒来时会看到上百艘舰艇慢慢驶近，上面分别飘着法国的三色旗，还有荷兰、波兰和比利时的国旗。这时从盟军的舰队里驶出一只不带武器的挂着谈判旗帜的小船，上面坐着戴高乐将军的私人代表，他们被带去会见总督，询问总督是合作还是进行一场力量悬殊的战斗。此时自由法国和英国的飞机将在上空撒下规劝的传单，总督会放上几炮装装样子。到了晚上他就会请戴高乐将军共进晚餐，表示接受英法联军的要求啦！"

戴高乐觉得这个主意不错，很合乎不大规模流血的初衷。

8月31日，丘吉尔的联络官斯皮尔斯将军和戴高乐率领的远征军从利物浦出发，浩浩荡荡地开往达喀尔。

遗憾的是一向散漫的自由法国军官，不知哪位把消息泄露了。维希政府赶紧派了一支强大的海军舰队从土伦港驶出，先行到达达喀尔。那里还有一艘维希政府控制的巨型军舰"黎塞留号"，正虎视眈眈地等在那里呢！

戴高乐不得不临时改变主意，开始执行代号"威慑"的计划。一场浓雾又打乱了部署，他们遭遇到维希海军猛烈炮火的袭击和抵抗。在达喀尔的登陆计划彻底失败了。

这件事严重影响了戴高乐的声誉。维希政府攻击他"向同胞开火"；英国有些人，以及美国总统罗斯福谴责戴高乐的"狂热"、"愚蠢"，是"不可信任"的"鲁莽的低级军官"。

戴高乐却没有被这场地震般的打击击倒，面对肩负的重任，他认为自己没有权利接受失败。这一仗打输了，我还要打赢下一仗！我不能以失败者的身份返回伦敦。

于是，他以"自由法国"领袖的身份，去视察曾表示支持他的领地喀麦隆、乍得和刚果。在杜阿拉港，他刚一下军舰，就看到几百名军人站在岸边向他欢呼："欢迎戴高乐将军！""欢迎，欢迎！"

很少动感情的戴高乐被深深地感动了。接着是他委派的使者勒克莱尔少校为他组织的阅兵式。他神情庄重地站在检阅台上，严峻的目光注视着列队走过的官兵，心中重新获取了力量。

在乍得，印度支那总督卡特鲁上将从伦敦来到拉密

堡,面见戴高乐。他诚恳地说:

"戴高乐将军,我佩服您为法兰西做出的努力,我愿意在您的领导下工作。"

传说英国人曾想让他代替戴高乐,因为他的军衔高,他却毫不迟疑地予以拒绝。戴高乐紧握着他的手:

"将军,您的到来是法兰西的幸运和希望。如果您同意的话,我想请您前往开罗,负责地中海地区的工作。"

"请放心,我会尽职的。"

戴高乐在高层人士中得到支持,让他感到无比的欣慰。这对他来说太重要了。

他接着视察了乌班吉、利奥波德维尔等地。

非洲之行虽然没有完全达到预想的目的,可是毕竟有了一个巩固的作战基地啊!

现在,建立政权的时机已经成熟,戴高乐紧紧地抓住时机,1940年10月27日,他在法属赤道非洲的首都布拉柴维尔,发表了著名的《布拉柴维尔宣言》。他极度轻蔑地否定了维希政府的合法性之后,庄严宣布:

必须建立一个新的政权来承担领导法国投入战争的重任,时势把这一神圣职责交给了我,我将义不容辞。

我要以法国的名义，而且只是为了保卫法国行使我的职权。

为了完成我的使命，今天组成了法兰西帝国防务委员会，它将和我一起代表为生存而战斗的法国。

他还公布了两项法令。

第一项法令规定帝国委员会的性质是"行使国家大权"，还规定最高行政权由"自由法国"领袖行使。

第二项法令公布了法兰西帝国防务委员会的委员名单，戴高乐是国防委员会主席。

从此，1940年10月27日成了法国历史上一个重要的日子。

原来孑然一身的戴高乐仅仅用一年多的时间，已经有了军队、根据地和行政机构，他不再是一个单纯的军事家，而是一位真正的政治家。

很快地，在非洲，戴高乐的部队捷报频传。有一位勒克莱尔上校足智多谋，他采用声东击西的方法，在没有公路的条件下，征集了100辆卡车，运送几千名士兵，带着一门75毫米加农炮和几门口径37毫米炮，迫使人数、装备多自己好几倍的库佛腊的意大利守军投降，创造了战场上的奇迹。

在厄立特里亚和苏丹，由善拉特将军指挥的部队很快就攻克了多角堡，俘虏了大量的敌军。

4月4日，戴高乐回到开罗，丘吉尔给他发来了祝捷的电报。

在戴高乐的努力下，法兰西确实在从深渊中升起，在前进。

法兰西的"独立情结"

戴高乐从非洲回到伦敦之后，具有一定实力，他感到可以和丘吉尔平起平坐了。

他始终傲骨铮铮，不但对敌人毫不退让，对盟友也不肯低下高昂的头，甚至显示出令人难以置信的高傲和粗暴。

于是他和丘吉尔之间，他们的形象在对方的眼里，时而是天使，时而是魔鬼；时而共度蜜月，时而反目争吵。而最终的结果经常是老大哥丘吉尔不得不对倔强的小弟戴高乐让步。

那还是丘吉尔刚刚承认戴高乐的领袖地位不久，就发生了一件意想不到的事——米尔斯克比尔事件。

在阿尔及利亚的奥兰以西，有一个控制直不罗陀海陕的战略要地——米尔斯克比尔，那里是法国舰队的停泊地："敦刻尔克号"、"斯特拉斯堡号"、"普罗旺斯号"和"布列塔尼号"战舰，还有 6 艘驱逐舰，12 艘鱼雷艇，6 艘潜艇和其他护卫舰。英国人一直担心，这些属于维希政府的舰队一旦落入德国人的手里，危害将十分巨大。

1940 年 7 月 3 日，英国海军突袭了停泊在英国港口的法国舰艇和米尔斯克比尔海军基地。过了几天，又袭击了亚历山大港。除了几艘巡洋舰以外，法国舰队整个被摧毁了。

在事发之前，英国人曾给法国海军下过最后通牒：如果不把军舰交给英国人，或者在英国护卫下驶进西印度洋或美国港口，他们将毁掉军舰，用武力防止它落入德国人的手中。

最后通牒被法国政府断然拒绝。

下午 5 时多，英国向法国军舰开火了，战斗进行了 9 分钟，"敦刻尔克号"触礁，"布列塔尼号"爆炸，只有"斯特拉斯堡号"逃脱，共有 1279 名法国官兵死亡。

事件发生的第二天，英国国会议员们欢呼雀跃，而丘吉尔却觉得，这实在是一个痛苦的选择。

SHIJIEMINGRENZHUANJICONGSHU

戴高乐

　　戴高乐听到这件事之后暴跳如雷，因为受损失的是他的同胞，而且采取如此重大的行动，事先为什么不同他商量？这件事的影响将不堪设想：维希政府会利用它做宣传，"自由法国"的声誉将受到严重的诋毁！

　　维希政府真的抓住这件事，攻击"自由法国"和戴高乐了。

　　灰心丧气的戴高乐一度想放弃战斗，带领一家人到加拿大去享受天伦之乐。

　　当斯皮尔斯怀着惊慌和愧疚，第二天来看望戴高乐时，意外地看到，戴高乐很平静。

　　在不眠的夜晚，戴高乐想了很多，他逐渐冷静下来，力图让自己从抗战的大局来看这件事，终于暂时忍下悲痛和愤怒。

　　他又一次对法国人民发表了广播讲话。他首先谴责了这个"可悲的，可恶的"行动，对英国人表示极大的愤慨。接着他又请求法国人谅解英国。他说，他宁愿让法国人心爱的宏伟强大的"敦刻尔克号"战舰流落在米尔斯克比尔港口外，也不愿它有一天被德国人用来炮轰英国港口，打击法兰西帝国。

　　戴高乐的大度和深明大义让英国人大为感动。无论是新闻界，还是公众，都对他表示热情和友好。

英国政府同维希政府的关系在此时已完全破裂，对戴高乐来说也许是个意外的收获吧。

丘吉尔也认为突袭事件是"令人憎恶的"，"最违背天性，最使人感到痛苦的"决策。这种愧疚之情促使他指示英国战时内阁和皇家军队三军总部，要尽力帮助戴高乐和"自由法国运动"。

戴高乐从此对英国提高了警惕，在适当的时机，他要对英国给予回击了。

矛盾终于在中东问题上再一次爆发。

中东地区即地中海东部地区，戴高乐称它是"战争的心脏跳动的地方"。那里有举世闻名的苏伊士运河，它是中东的门户，地中海的门户。这个地方如果丢失，小亚细亚和埃及就对轴心国（德国、意大利、日本）打开了大门。如果拥有它，总会有一天，就能从东方进至突尼斯、意大利和法国南部。这里可真是兵家必争之地啊！而运河又是争夺的最后阵地。

当时，叙利亚和黎巴嫩这两块法国过去的殖民地在名义上已独立，国联仅是授予法国"委托统治权"。法国在那里的地位削弱了。

英国想取代法国，在那里建立特权。

德国人也看中了它的战略地位，正在蠢蠢欲动。

于是三方之间展开错综复杂、扑朔迷离的争斗。

希特勒在行动。1941年5月6日，德国在巴黎的代表和维希政府代表达成协议：维希政府为入侵中东地区的德军提供武器和登陆权。作为交换条件，维希政府付给德军的占领费可以减少，德国要释放8.3万名法国战俘。双方签订了三项军事协定书。

如果德国得逞，后果将不堪设想！

恰在此刻，戴高乐收到英方代表斯皮尔斯将军的电报，电文中说，目前不需要"自由法国"军队继续在中东地区作战，还说戴高乐不必去中东。

戴高乐意识到：当一切都在沸腾，如果法国在历史第一站陷于被动，那么，它在任何情况下，都不可能保住其中任何一块土地。

他决定集中所有的人力物力，保卫这些领地。他电召原来进驻中东的卡特鲁将军返回布拉柴维尔，并把这个决定通知英国。他还任命加斯东作为他在中东地区的政治代表，勒让蒂约姆将军为总司令。

丘吉尔让步了。他致电韦维尔将军，指示他"为卡特鲁将军提供必要的运输工具，让他和他的自由法国部队在他们认为适当的时机尽力而为"。

戴高乐很注意阿拉伯人的民族情绪。他给自由法国驻伦敦的代表团发去电文，表示要承认叙利亚和黎巴嫩的独立和主权，还准备和这两个国家结成同盟。

他要代表团把这些决定通知英国政府，并要求英方公开声明，尊重法国在地中海地区的权力。

他又给卡特鲁将军发出采取军事行动的指示："只要有机会，自由法国的统治权就必须伸展到大马士革和贝鲁特！"

6月8日，自由法国和英国军队打着盟国的旗帜，向叙利亚首都大马士革进军，和维希军队激战了十三天，实现了预定目标。三天之后，戴高乐委派卡特鲁将军为他在中东地区的首席代表，负责谈判缔约和防务等事宜。

但是，这场军事危机很快就转变成了政治危机。

1941年7月10日，维希政府在叙利亚的驻军司令邓茨将军向英国要求停火，还约定三天后在阿克与英国商谈投降条件。

戴高乐对这件事大为惊讶：这不是要把叙利亚和黎巴嫩无条件地让给英国吗？甚至在形式上英国也把自由法国抛弃了，英国还准备把维希的军队送到达尔朗派来的船上，不准"自由法国"接触和争取他们。留下的物资交给英国，叙利亚和黎巴嫩的军队也要收在英国的麾下。

这实在让他忍无可忍，他向丘吉尔派往中东的新代表、英国国务大臣奥列佛·利特尔顿提出强烈抗议。

戴高乐在伦敦的代表们被这场争执吓坏了！他们在7月25日发给戴高乐一封电报，恳请他不要和英国闹翻了，他们担忧一旦和英国关系彻底破裂，拯救法国的希望将荡然无存。

戴高乐却固执地说：

"不要认为我的行为不符合我们的政策，我们的伟大和我们的力量表现出的，就是我们在捍卫法国的权利上的不妥协。"

戴高乐的强硬让英国人开始感到理亏了。

丘吉尔说：

"戴高乐无疑有理由愤怒……"

7月25日，戴高乐收到一封信，是利特尔顿以政府名义写的，上面说：

我们承认法国在东地中海地区的传统利益，……我们承认，所有的欧洲国家中，唯有法国才能在东地中海地区具有最高权力。

戴高乐胜利了！他用行动证明，即使处于弱势的地位，也要据理力争，寸步不让。

传记丛书

世界名人

戴高乐

下

北方妇女儿童出版社

马 兰 ◎编著

点化危机的魔术师

在"解释性协议"签订后，英国并没有认真履行诺言。威尔逊扬言要在叙利亚和黎巴嫩实行军事管制，包括军事和行政权力。戴高乐不得不和卡特鲁回到那两个国家，告诉威尔逊：如果英国不离开苏韦达（黎巴嫩的地方），我们将开火了！英国才不得不撤走。

此时的丘吉尔，正忙于为和美国总统罗斯福会谈做准备，没工夫理会戴高乐。

可是，丘吉尔很快就怒气冲天了。有人从美国给他寄来一张 8 月 27 日的《芝加哥每日新闻》报，上面刊载了记者韦勒在布拉柴维尔对戴高乐的专访。上面引用戴高乐的话说：

英国害怕法国舰队。

英国正在和希特勒做一笔战时交易，维希从中牵线。

丘吉尔下令全面停止与"自由法国"的合作；英国不再提供情报援助，不准戴高乐在英国广播讲话，还不允许任何人会见戴高乐。

戴高乐先是断然否认接受采访，接着又说他的话遭到误解，但这都无济于事。最后他的政治秘书处处长莫里斯·得让去拜见英国人莫顿，替戴高乐打圆场说：

"戴高乐缺乏政治经验，在政治上还是个孩子，他需要受到教育。这件事对他影响很大，他再也不会发表类似的言论了。"

艾登也在千方百计劝说丘吉尔。

丘吉尔依旧怒气冲冲。

戴高乐回到伦敦，英国人不理睬他。他想会见丘吉尔，丘吉尔回答：

"在没有收到你做出的解释之前，我无法确信我们之间的会面是否有意义。"

戴高乐不断做出各种姿态，大丈夫能屈能伸，一改向来强硬的作风。联系渐渐恢复了。

丘吉尔终于同意，在9月12日下午3时，在唐宁街10号内阁会议室里会见他。

在戴高乐到达之前，丘吉尔在安排会见程序时，向他的秘书科尔维尔如此这般地面授机宜。

戴高乐准时来到会议室。丘吉尔从坐位上站起来，表情冷漠，头稍稍向前倾一下，示意他坐在会议桌对面的位置上——没有出现走到门口热情握手的场面。

戴高乐坐下来，眼睛直视丘吉尔。

"戴高乐将军，我请你今天下午来……"丘吉尔没有像过去会见那样讲法语，他用英语说着开场白，示意科尔维尔赶紧翻译。

"我的将军，今天下午我邀请你来……"科尔维尔刚翻译到这里，丘吉尔却打断他：

"我没说'我的将军'，我也没说'邀请'他。"

戴高乐开始说话了，科尔维尔刚译了一句，他插嘴说：

"不！我说的不是这个意思。"

科尔维尔面红耳赤，丘吉尔只好撤掉这个不称职的翻译，打电话叫来一位外交部的官员充当译员，谈话开始进入正题。

丘吉尔开口道：

"戴高乐将军，您在中东和非洲留下了恐英的足迹。您所做的那篇专访，极大地伤害了英国人的感情，我感到现在面对的不再是一位朋友了，为此，我感到很痛苦。"

"请您不要真的认为，我现在是英国人民的敌人，"戴高乐垂下眼睛，用低沉的声音，向丘吉尔敞开了心扉，"最近发生的几件事，尤其是叙利亚发生的事，严重地扰乱了我的心，我在心里开始对英国对'自由法国'的态度产生了疑虑。再加上最近以来，我的处境一直很艰难，还有我容易激动的敏感的个性，所以讲了一些英国人不爱听的话。我愿意坦诚地表示对这些言论的愧疚之意。"

戴高乐用令人惊讶的勇气，勇敢地剖析自己：

"我承认，在我孤立的时候，特别是不在伦敦的时候，有时会制造出实际上并不存在的魔鬼，我的敏感的性格使我会不假思索地发泄愤怒。"

丘吉尔的脸色逐渐平和起来，谈话的气氛变得友善。他们谈到"自由法国"的组织，丘吉尔建议成立一个委员会，有一个集体的约束，对戴高乐将是有益的，也能更好地规划以后的行动。

戴高乐欣然同意："这是一个很好的建议，我早就盼望着我的同事能执行同一个方针，有同样的决心，而只有建立一个委员会才能做到这一点。"

会谈进行了一个小时。丘吉尔的秘书科尔维尔和戴高乐的副官库塞尔一直坐在隔壁的办公室里，他们忧心忡忡，担心两个"巨兽"之间会发生什么事。科尔维尔悄悄地走到门口去偷听，心里想着可能发生的最坏结果。忽然，电铃声响了起来，科尔维尔急切地走进会议室，他惊讶地看到两位巨头并肩坐在那里，脸上带着亲密而轻松的

表情，戴高乐正怡然自得地吸着丘吉尔的雪茄烟哩！

暴风雨终于过去了。

9月25日，戴高乐宣布成立民族委员会，由他亲任主席，所有的委员对他个人负责。

丘吉尔松了一口气，可是内心并不高兴，他对艾登说：

"这实在令人不快，我们的意思是迫使戴高乐服从一个适宜的委员会，而我们所做的一切却迫使更多的人和委员会服从戴高乐。"

戴高乐对这一结果却十分满意。他既适时地缓解了与丘吉尔的矛盾，又解决了"自由法国"内部的危机，还巧妙地在英国人的基础上，保住了自己对"自由法国"的控制权。而这个权力对戴高乐将要完成的事业是何等重要啊！

戴高乐以高超的政治手腕，把危机化成了发展的机遇。

1941年，戴高乐委派原巴黎市政长官让·木兰潜回法国，组织和领导分散在法国各地的国内抵抗力量，并成立了一个抵抗组织的委员会。

1942年6月，戴高乐的一支轻型部队奉命在北非的比耳哈亥依木执行牵制德军隆美尔的任务。隆美尔是德国著名将领，被称为"沙漠之狐"。他指挥德军把法军包围起来，用重炮轰击，用飞机轮番轰炸。沙漠在灼热的烈日下变成了火炉，法军的食物在一天天减少，子弹快要打光了，更糟的是水源断绝了，每人每天只有 2 升水。可是他们仍然勇敢地战斗着。

戴高乐时刻关注着这支部队，给官兵拍发了电报：

盖尼将军，希望你知道并转告你的部队，全法国注视着你们，你们是她的骄傲！

6 月 3 日，隆美尔写信给盖尼将军，要法军赶紧投降。6 月 5 日又发出最后通牒。

法军以炮火做了回答。

6 月 8~9 日，德军发起了更猛烈的进攻，他们发誓要把法军埋葬在沙漠里。可是被包围了 14 天的法国军队，经过浴血奋战，在牺牲了四分之一的官兵之后，竟然战胜了三倍于己的敌人，在 6 月 11 日突出了重围。这简直是奇迹！

当信使传来这个喜讯之后，戴高乐把自己一个人关在办公室里，流下了激动的眼泪。

英国的新闻媒体轰动了！

丘吉尔说："这是这次战争中最出色的业绩之一！"

美国的新闻界对这次战役赞不绝口。

美国政府立即在布拉柴维尔设立了领事馆。

戴高乐骄傲地宣称：

"比耳哈亥依木的炮火向全世界宣布了，这是法国复兴的开端！"

神秘的"火炬计划"

1942 年的冬天到了，寒冷的北风似乎在预示着一场政治严寒的到来——英美两国军队将要在北非登陆，实施"火炬计划"，可是这件事对戴高乐却严格保密。这怎能不让视民族与国家尊严为生命的戴高乐义愤填膺呢？

早在 1941 年，戴高乐就开始在外交上奔走。他一直认为法国目前的中心问题，不仅仅是把敌人赶出国土，而且还要考虑民族与国家的尊严。如果法国衰落下去，它的独立自主就会不存在，就会由受敌人奴役变成盟国的附庸。他要千方百计让法国以交战国和主权国的姿态出现在世界舞台上。

戴高乐为实现这个目标可谓呕心沥血。

他先是与苏联建立了联系。

苏联和自由法国还互派相当于大使的代表。

然而，戴高乐最关心的还是与美国的关系。

1941 年 12 月 7 日，日本人偷袭了美国珍珠港，把美国拖入战争中。富有远见的戴高乐看到，从现在起，如果没有美国总统罗斯福点头，英国将什么都干不成。他也看到，美国的支持对"自由法国"同样重要。

其实，1941 年的 1 月，他就曾派代表到美国去建立联系，可是罗斯福不接见。

罗斯福对戴高乐一直怀着偏见。在他眼里，戴高乐不过是一个流亡在海外极少数法国人所承认的、经费武器全靠英国的、性格古怪傲慢和不断挑起事端的人物。更让他恼火的是这位小小的准将，竟然得到美国众多媒体的支持。

丘吉尔不得不在他们中间充当调解人的角色。无论如何，英国人都需要"自由法国"这个欧洲盟友，共同抵抗德国人的进攻。他竭力劝说罗斯福接受戴高乐。

戴高乐决心要扫除对"自由法国"误解的迷雾，在1942 年的 4 月 1 日发表了演说。他重申自由法国的立场，还间接批评了美国对维希政府的态度。

讲话产生了作用，5 月 21 日，美国驻英国大使约翰·怀南特在伦敦同戴高乐会晤；7 月 9 日，美国政府发表了一个公报，对戴高乐和"自由法国运动"给予了一定程度的承认；美国和自由法国开始在太平洋地区有更多的军事合作，法兰西民族委员会甚至还被邀请，派代表出席在伦敦设立的"太平洋战争委员会"，与英国、美国、新西兰和澳大利亚代表相互交换情报，勾通作战信息。

但是，事情远远不是一帆风顺的。

1942年11月8日中午，丘吉尔把戴高乐请到唐宁街10号。在场的还有英国外交大臣艾登。戴高乐一走进房间，丘吉尔就上前握住他的手寒暄："你好，我的将军。"态度极为热诚。

谈话进入正题，丘吉尔神情尴尬，欲言又止。最后还是开口了：

"美国和英国正在执行一个代号叫做'火炬计划'的行动，打算在北非登陆。这件事在事前没有跟您打招呼，"丘吉尔停顿一下，看看戴高乐，赶紧解释说，"在海上和空中，英国军队力量雄厚；在地面上，美军人数超过英国，事实上这主要是美国人的行动，指挥官是艾森豪威尔……是美国坚持要把自由法国排除在外。"

丘吉尔摊开双手，做出一副无可奈何的样子。

"我们是不得已才这样做的。不过您放心，我们决不抛弃与您签订的协议。自1940年以来，我们就一直答应支持您。"

他诚恳地看着戴高乐，用充满感情的声音说：

"在战争最艰苦的时刻，您曾和我们站在一起；既然现在前景越来越光明了，我们决不会抛弃您！"

丘吉尔等待着一场暴风雨的来临。但出乎他的意料，戴高乐态度异常平和。

那么，"火炬计划"是怎么一回事呢？

原来在 1942 年的秋天，斯大林多次要求英美开辟第二战场，从法国登陆，直逼德国和意大利。戴高乐很赞同，因为它将加速法国的解放，他会见了马歇尔和艾森豪威尔，力陈开辟第二战场的好处。

丘吉尔和罗斯福为了各自的利益，却想从北非登陆，再向欧洲大陆扩展。他们把这个计划叫做"火炬计划"。

因为美国害怕希特勒占据北非和西非。如果德军从达喀尔经过大西洋中部的航道进攻巴西，就会直接威胁美国的安全；再说罗斯福早就想控制西非、北非和中东，很想扩大美国在这个地区的影响。

对于丘吉尔来说，盟军控制北非，可以确保直布罗陀海峡的安全，恢复地中海的航线，维护英国的殖民体系；盟军占领北非，还能威胁隆美尔的后方，解除在埃及德军对英军的包围。

美国和英国还想展开政治攻势，如果能争取控制北非的维希法军归顺，岂不是能避免流血了吗？这就需要找一位有威望的人物。他们选择了吉罗将军。吉罗是五星上将，军阶比戴高乐高，他更有一段传奇的经历，为他赢得了美誉：他在第一次、第二次两次世界大战中，都曾越狱逃跑。可是当他历尽艰险，逃到维希之后，维希政府的总理赖伐尔竟然让他重返德国监狱自首。吉罗坚决予以拒绝。

但是后面的一段插曲就不那么光彩了：为了让德国人给他自由，他给贝当元帅写了一封信，信中表示要效忠贝当元帅，赞同维希政府的对德政策。

美国人对吉罗寄予很大希望，吉罗也相信依靠自己的威望，维希在北非的军队会听他的调遣。

罗斯福以为，这些计划绝不能让戴高乐知道。丘吉尔想在执行前一天通知戴高乐，也被断然拒绝。丘吉尔只好服从。

11 月 8 日早晨，即丘吉尔找戴高乐道歉的当天，戴高乐已从别的渠道知道了消息。他感到受到了极大的侮辱，在他的房间里一边踱来踱去，一边大叫：

"我希望维希方面的人把他们赶到大海里去！他们即使拆除围墙也进不了法国！"

戴高乐很快又平静下来，他心里很清楚：尽管几年来"自由法国"已经有了强大的力量，但是要解放法

国，力量还远远不够，他需要罗斯福的支持，也需要丘吉尔充当调解人。

戴高乐从大局出发，克制了自己的情绪。面对丘吉尔的通报和致歉，他大度地表示：

"美国人现在在非洲登陆，这件事本身是令人满意的。"

丘吉尔又小心翼翼地告诉他，美英两国商议任用吉罗将军去争取北非的法军，戴高乐也表示了良好的祝愿。

不过戴高乐也没忘记提醒丘吉尔！美国在北非玩弄利用维希政府反对戴高乐的把戏是要付出代价的。

当天晚上，戴高乐还做出姿态，向法国全体军民和法属北非的军政人员发表讲话，要他们积极配合盟国的行动。

行动开始了，英美远征军有 13 个师、650 艘军舰和运输船，还有 1700 架飞机，将在摩洛哥的卡萨布兰、阿尔及利亚的奥兰和阿尔及尔三处同时登陆。这是二战中盟国第一次大规模进攻性的战役。庞大的舰队已经驶近目的地。

11 月 7 日艾森豪威尔把吉罗用潜艇接到直布罗陀盟军司令部，想利用他的威望让北非的维希法军与盟国军队合作。

在维希法军中，有一个名叫朱安的将领，向来不愿站在德国人一边。他与美国驻阿尔及尔总领事墨菲关系也很密切，所以盟国就把希望寄托在他身上了。

　　11月7日午夜刚过，墨菲神秘地来到朱安将军的住处，告诉他一支强大的英美联军马上就要在北非登陆了，劝告他要积极配合。朱安大吃一惊，就在他还没有做出决定的瞬间，又传来一个意外的消息：达尔朗在北非出现了！达尔朗是维希法国政府外交部长兼法军副统帅，他在巡视北非后早已回国。因为儿子突然患病住进了阿尔及尔的医院，他才又于11月5日飞回阿尔及尔，直到7日还没有离去。他的不合时宜的出现，把盟军的计划打乱了。

　　朱安知道有达尔朗在，自己的职务就丧失了作用。他和墨菲商量之后，给达尔朗打了电话："将军，请您马上来一下，有要事相商。"达尔朗匆匆赶来，听到英美联军登陆的消息，顿时勃然大怒。

　　其实达尔朗一直与德国人关系密切，死心塌地给德国人办事。现在希特勒逐渐显露出失败的端倪，达尔朗才稍有转变。可是在得知登陆消息时还是立即向贝当元帅报告了。顽固的投降派贝当昏庸至极，竟命令向盟国军队开火。结果双方损失都很惨重。

　　这时吉罗将军来到阿尔及尔，他发表广播演说，号召维希法军停止抵抗。可是哪里有人听他的？那些高层人士只听贝当和达尔朗的。无奈之下，艾森豪威尔只好改弦易辙，匆匆飞到阿尔及尔，向达尔朗大献殷勤，答应让他掌管北非的行政大权，吉罗只负责指挥军队。达尔朗的权力欲得到满足，终于和美国签订了协议，下达了停火的命令。盟国军队很快就占领了突尼斯的一些地方。

美国与达尔朗签订的协议，使盟军在北非的胜利黯然失色，引起了强烈反响。戴高乐把各地拍来的谴责电报拿给丘吉尔和艾登看，高声说：

"这场交易使你们与这场战争的正义性背道而驰！是战略上的错误！"

他向舆论界疾呼：

"如果盟军在解放一个国家的同时，又与那些投敌的官员们签订协议，那么这样还有什么意义?!"

他命令法兰西全国委员会发表一项公报，声明与盟国在阿尔及尔的安排毫无关系。

丘吉尔在又一次会见戴高乐之后，于11月17日致电罗斯福：

我应当让你知道，与达尔朗所签的协定引起了强烈的愤怒。我越考虑这个问题，就越相信它只能是一种仅仅由于战争急迫而不得不采取的权宜之计。

他告诉罗斯福，达尔朗声名狼藉，向他妥协会在全欧洲给盟军带来不良的政治影响。

罗斯福接受了丘吉尔的意见，接到电报后的第二天，即 11 月 18 日，发表了一项公开声明：

未来的法国政府决不能由法国本土或海外的任何人来成立，它只能在法国人民被同盟国的胜利所解放后，由法国人民自己来成立。目前在北非和西非做的安排，仅是由于战争紧迫而不得已采取的一种权宜之计。

11 月 20 日，罗斯福写信给丘吉尔：

昨天我私下对报界讲了一个流传在巴尔干的古老的希腊教会的格言，因为它似乎适用于我们目前的达尔朗——戴高乐问题。这个格言是："我的孩子们，在大难临头之际，你们可以与魔鬼同行，直到你们下桥为止。"

狡猾的"权宜之计"的提法，让法国人和英国人解除了忧虑，也让达尔朗大为不满。他感到自己不过是"被美国人挤干后要扔掉的柠檬"，只好用"自己的行动是为法国负责"的谎言来掩示尴尬的模样。

戴高乐

但是达尔朗却劣性不改，他任用那些与德国纳粹分子密切合作的人，还把戴高乐的拥护者关进了监狱。

圣诞节前的一天，一个神秘的年轻人博尼埃·德拉夏佩尔开枪射杀了达尔朗。

一个不该存在的人物的死亡，让戴高乐除掉了前进路上的障碍，也为美国放下了令人尴尬的包袱。

不知出于哪种原因，罗斯福却突然中止了邀请戴高乐访问美国的计划，而此时戴高乐已在前往飞机场的汽车中。

戴高乐在返回的路上思绪难平，在对待北非的事情上，他先是顾全大局，竭力忍耐；后是坚守原则，寸步不让，终于取得了初步的胜利。他实在猜不出，罗斯福又要打什么样的牌，他预感到，一场新的考验正在等待着他。

登上权力的高峰

阿尔及尔位于地中海沿岸，城市的后半部是连绵起伏的群山，林荫大道在山坡上蜿蜒，翠绿的棕榈树衬托着白色的山间别墅小楼，显得别有一番情趣。

1943年5月30日，结束了英国流亡生涯的戴高乐来到这座美丽的城市。他从机舱里走出来，健步走下舷梯，和迎接他的吉罗将军握手。

阿尔及尔举行了隆重的欢迎典礼。仪仗兵持枪向他敬礼，然后迈着方正的步子接受检阅，雄壮的《马赛曲》响彻云霄。戴高乐登上一辆法国轿车离开机场。

第二天，欢迎午宴在豪华的夏宫举行。乔治将军和吉罗将军等 40 位客人集聚在这里。

下午 4 时，当戴高乐出现在邮政广场洛林死难者纪念碑前敬献十字架时，成千的支持者知道了他的到来，涌向他的身边，向他欢呼。戴高乐激动地唱起了《马赛曲》，大家也跟着唱起来，气氛极为热烈。

戴高乐把指挥部设在"紫藤花园"的一幢别墅里，由"战斗法国"哨兵守卫。吉罗将军的指挥部则设在夏宫，由维希部队的人把守。

丘吉尔也找个借口来到阿尔及尔，他还把艾登请来，想让他做吉罗——戴高乐"婚礼"的"男傧相"。

戴高乐一派——卡特鲁、马西热内、菲力普与吉罗一派——乔治、莫内等在 31 日早晨开始谈判。双方同意由在座的几个人组成一个委员会，当讨论一进入具体问题时，双方发生了激烈的争论。戴高乐坚持主张，必须解除维希政府任命的殖民地总督——阿尔及利亚总督佩鲁东、摩洛哥总督诺盖和法属西非总督布瓦松。在下午与吉罗会见时，他重申了这个意见，表示如果不把三人解职，他将无法与委员会一起工作。次日，他召见了法国和盟国记者，声明他到北非来是想建立一个有效的法国权力机构，领导法国全民族的抗战，这样的机构当然不能容纳维希政府的人。

识时务的佩鲁东赶紧采取主动，请求辞职。他给戴高乐和吉罗分别写了一封辞职信。戴高乐立即表示接受辞呈，还把这个消息通报给记者。当消息出现在第二天的报纸上时，人们看到吉罗请来的人也归顺了戴高乐。戴高乐的威望自然更高了。

这件事却触怒了吉罗，他写信谴责戴高乐有法西斯倾向，还派米赛利埃将军维持阿尔及尔的秩序，布置坦克守卫在城市的主要街道。种种谣言开始流传，暴乱的阴云笼罩在阿尔及尔的上空。

戴高乐心里很清楚，吉罗拥有军队、警察、行政财政、报纸、电台和广播，这都是盟国支持的结果。而他自己呢？是穷光蛋，在这里既无军队，也无新闻媒体。可是他知道自己是真正为法国的独立而奋斗的人，真理在他一方，群众在他一方。他感到有一种力量的支撑。当天深夜，他就派人告诉吉罗：

"在外国人面前制造暴乱的气氛，在我看来是十分痛心的事。我们或者决裂，或者达成协议。明天必须采取新的步骤。"

6月3日上午，在激烈的争吵中，吉罗不得不同意撤消3个维希方面的总督，双方一致同意成立法兰西民族解放委员会，由7个人组成，戴高乐和吉罗共同担任主席。它将是法国的中央权力机构，军事力量置于它的领导之下。

美国害怕吉罗的权力受到威胁，赶紧派艾森豪威尔以驻北非总司令的身份飞到阿尔及尔。艾森豪威尔对委员会说：

"吉罗将军必须保持现有的权力和职务，并仍由他保留处理军队、交通、港口和飞机场的全权。应该由他一个人来同我商量北非的一切军事问题。"

他还对戴高乐说，如果不同意盟国的这个安排，美国将停止对法国的一切军火供应。

戴高乐瞪圆了大眼睛，盯着艾森豪威尔：

"刚才您说您对美英政府承担着自己的义务，难道您不知道我对法国也有自己的责任吗？因此，我不能允许任何别国来干涉法国执行自己的权力。"

"我的将军，我十分理解您对祖国命运的关怀。可是也请您理解，我现在有军事方面的急需，我们不久将在意大利作战，急需有一个安全的后方，所以不希望北非有什么变动。"

"我也有军事上的急需，法国需要把战斗法国、北非和法国本土的兵力联合起来，可是现在的体制却是使军队分散。"戴高乐略微停顿，又接着说：

"你还记得吗？在第一次世界大战时，我们法国为比利时和塞尔维亚提供了军事装备，为俄国和罗马尼亚供应军火，还把大量物资供应了美国军队。那时，法国可曾对这些国家要求任命某位统帅和建立某种政治制度吗？"

艾森豪威尔无言以对。

戴高乐坚决走自己的路。6月7日，他把委员会从7人增加到14人，戴高乐派占了明显的优势。委员会中原来吉罗的顾问莫内和顾夫·德姆维尔也开始站在戴高乐一边。

罗斯福听到这个消息十分气恼，他在1943年6月17日给丘吉尔的电报中说：

我真讨厌透了这个戴高乐……不可靠，不合作，不忠于我们两国政府……我们必须让他走开！

英国故意和戴高乐作对，把乘坐着增选委员的飞机启程时间推迟了10天，想让委员会开不成。丘吉尔也"恰巧"出现在阿尔及尔，邀请戴高乐、吉罗和其他委

员去参加"乡村宴会"。

戴高乐当即戳穿丘吉尔的秘密:

"首相此次前来,是专门关心我们的事情吧?"

丘吉尔赶紧否认:

"不!不!我来这里是英王陛下的政府想了解北非这个交通要冲内部发生的事情。如果有什么突发事件,比如您把吉罗一口吞掉,我们也好采取一些办法啊!"

但是吉罗被戴高乐"吞并"仅仅是时间问题了。

6月21日,民族解放委员会召开全体会议,决定成立一个军事委员会,戴高乐任主席,吉罗为委员,军事指挥权分开:吉罗指挥北非军队,戴高乐指挥帝国内所有的武装。这个决定看起来十分滑稽和可笑,这是为了能得到美国的军事援助啊!

此时吉罗将军忽然异想天开,匆匆离开阿尔及尔,到美国商讨11个法国步兵师的装备问题。他在所到之处都受到热情的接待,在白宫花园里与罗斯福总统一家人一起喝茶。他游览了纽约、渥太华和伦敦。

在他志得意满,有些忘乎所以的时候,戴高乐却在阿尔及尔把握时机,大量清洗了前维希政府的官员,把政权牢牢地掌握在戴高乐支持者的手里。

戴高乐还到北非各地视察,与人民接触。在论坛广场，他张开两臂举过头顶，向群众致意，发表了慷慨激昂的演说，最后他大声疾呼：

"让我们昂起头来，消除隔阂，亲如兄弟，并肩前进，为法兰西的未来奋斗到底！"

他已经完全控制了局势。

法国民族解放委员会已经成了气候，它迫使英国政府不得不在承认波兰、比利时、挪威和希腊的流亡政府之后，承认这个委员会有资格领导法国抗战和管理海外领地。

到 9 月初，已有 26 个国家承认了委员会。

9 月 25 日委员会再次开会，确定戴高乐为法国民族解放委员会唯一的主席。

11 月 3 日协商会议开幕，戴高乐改组了民族解放委员会，完全把吉罗排斥在外。

新的地位给戴高乐施展才干提供了广阔的空间。他把"战斗法国"和原维希的军队合在一起，共有 40 万野战军，他们参加了盟军发起的突尼斯战役，迫使 25 万德意军队宣告投降。他还派出 3 个远征师 12 万人和 12 个空军大队参加了意大利战役，这支军队攻无不克，于 1944 年 6 月 4 日攻入罗马，又相继解放科西嘉岛、厄尔巴岛，为盟军从法国南部登陆创造了条件。在南大西洋，在亚得利亚海，法国的海军和空军尽显神威。

在国内，在他的号召领导下，抵抗运动的游击队到处打击敌人，让敌人鸡犬不宁。

戴高乐和他的军队在胜利中迎来了新的一年。

霸王行动——诺曼底登陆

1944 年的早春到来的时候，重要的问题已经不是法国什么时候解放，而是解放后如何管理的问题了。

罗斯福仍然不喜欢戴高乐，他在草拟给艾森豪威尔的指示中说，一旦盟军进入法国，盟军总司令要负起管理国家的责任，直到法国人民选出自己的政府和领袖。他甚至还让人印制了法国的货币，准备在解放后的法国使用。至于法国民族解放委员会，盟军只是"可以"与其协商而已。

指示的文稿泄露出来，传到阿尔及尔，自然引起戴高乐的强烈不满和抗议。丘吉尔也劝说罗斯福，却没产生任何效果。

但是这一切已经无关大局。

3 月 18 日，戴高乐宣布所有为解放而战的力量都将进入政府。4 月 4 日，3 名共产党人加入法国民族解放委员会。现在这个委员会已代表了法国所有主要的组织，有了广泛的代表性。它还任命了 18 名共和国专员，准备取代原先的省长。

1944 年 6 月 3 日，戴高乐颁布了一项法令，规定法国民族解放委员会改称法兰西共和国临时政府。他不再理睬外国人的反应，只是按自己的意愿走自己的路。

正在此时，盟军正在秘密策划一次大规模的战役——"霸王"行动，即诺曼底登陆，时间只有 3 天了。

其实，戴高乐早就建议开辟第二战场，在法国诺曼底登陆，尽快解放法国。他让他的军队在战场上做了许多，为登陆创造条件。

但是罗斯福坚持要把整个计划对戴高乐保密，更谈不到请戴高乐参与策划了。他认为法国人浪漫的天性是最不善于保密的，何况他一直不承认法国的临时政府。

6 月 4 日，丘吉尔邀请戴高乐到普茨茅茨附近的火车车厢里见面。这列专车是丘吉尔的办公室和起居室。因为他认为这里离前线近，会提高工作效率。丘吉尔张开双臂，热情地拥抱将军，而戴高乐似乎很不适应这种感情表达方式。他们在共进午餐后，丘吉尔向他简单地通报了这个计划，还说最初阶段的任务将由英国承担。丘吉尔小心翼翼地看着将军，让他奇怪的是，这位傲慢的将军对最后时刻才得到通知竟然没有大发雷霆，而且还很有涵养地说：

"英国勇敢地接受了无数的危难，挽救了整个欧洲。今天它应当成为反攻大陆的基地。"

世界名人传记丛书

SHIJIEMINGRENZHUANJICONGSHU

丘吉尔提出建议：

"希望将军能到美国会见罗斯福，商讨一下法国的合作事宜。而且，他也会在某种形式上承认你的政府。"

戴高乐激动地叫起来：

"为什么您认为我应该向罗斯福申请在法国行使领导权的资格？法国已有政府，在这方面我无求于美国，也无求于大不列颠。现在最重要的是把法国行政机构和盟军司令部的关系建立起来。"

他又用讥讽的口吻谈到美国印制法国货币的事，他说："共和国政府是不会承认的。"

丘吉尔的嗓门也高了起来：

"我们将要解放欧洲，这要由美国和我们共同努力。英国怎能采取与美国不同的政策呢？你知道，当我在罗斯福与戴高乐之间选择时，我一定会站在总统一边。"

会谈在争吵中结束，丘吉尔举起酒杯，怒容满面地说：

"为永不承认错误的戴高乐干杯！"

戴高乐则一边举杯，一边克制地说：

"为英国，为欧洲，为胜利干杯！"

他们不再讲话，一起驱车来到艾森豪威尔的司令部。

司令部设在密林深处的一座小屋中。艾森豪威尔和总参谋比德尔·史密斯站在挂满地图的墙壁前，详尽介绍了"霸王计划"：盟军将投入287万军队，六千多艘舰艇和一万三千多架飞机，于6月上旬在法国诺曼底登陆。同时还有两个子计划，用声东击西的方法，造成盟军要在加来海峡登陆的假象，用来误导牵制德军。还有一系列骚扰计划，让驻守在法国的德国军队不得安宁，无法集中起来对付进攻。庞大的计划既周密又巧妙，戴高乐听得目瞪口呆，由衷地感叹：

"这真是达到登峰造极的地步！那么具体的日期呢？"

"原订在6月3日至7日之间，现在已是4号，天气仍然很恶劣，"总司令焦灼地望着将军，"您的意见如何？"

"我只说一句，如果我是您的话，我决不推迟！天气的危险并不比推迟几个星期的危险大，推迟会涣散军心，也会有泄密的可能。"

总司令带着钦佩的心情望着戴高乐，坚定了次日发出进攻命令的决心。

6月6日凌晨，"霸王行动"开始执行了。

午夜过后11分，"泰坦"行动的第一组4名伞兵从瑟堡半岛上空的飞机上跳到地面，普尔中尉落在一片草地上，立即写了封短信，告知已登陆的消息，然后装入随身带来的鸽子脚上的小筒内，把鸽子放飞至伦敦。

紧接着第二组、第三组伞兵也悄悄落地。这时有200多个假伞兵身上携带的针尾弹在落地之后立即爆炸。伞兵们还用扩音箱播放枪炮声、士兵咒骂声和指挥官的命令声，听起来就像是千军万马在作战。

在附近其他地区，盟军也采取了类似行动，他们在竭力吸引德国人的注意力，而真正大规模的空降部队却在蒙特步尔和步朗丹之间顺利着陆。

清晨，英吉利海峡大雾迷漫，还刮起了风暴，大海上波涛汹涌。这时盟军的数千架运输机和滑翔机从英国的20个机场起飞，到诺曼底海岸后面的重要地区空降了3个师的伞兵。

黎明时分，英国皇家空军和美国第八航空队的上千架轰炸机起飞，投掷了几千吨炸弹，摧毁了德军的海岸防御工事和内陆的炮兵阵地。

然后是美国、英国和加拿大的大部队，先后乘坐运输舰和登陆艇登上滩头，后面紧跟着大炮、坦克和两栖坦克。

进攻部队几乎在没遇到敌军阻击的情况下渡过了英吉利海陕。

上午9时17分，盟军最高司令部公布了第一号公报：

在强大空军的配合下，盟军海运部队于今晨在法国北部登陆。

如此神速而顺利的登陆，连盟军都感到有些不可思议。除了保密做得好之外，恶劣的天气也帮了大忙，占领军总司令隆美尔认为盟军不会在暴风雨中行动，安心地回到家里与亲人团聚去了。那些在海上巡逻的舰船为了躲避风暴，也龟缩到安全的港湾。

登陆的成功仅仅是开始，后面的部队不断跟上来，建立了滩头阵地，并向内陆挺进。

戴高乐在登陆成功之后，没有按照盟军的要求，发表要法国人民服从盟军领导的宣言，而是坚持按自己的意志，发表了激情洋溢的讲话。他按捺住盟军登陆计划向他保密的不快，从大局出发，向法国人民发出了战斗的号召：

他特别强调："必须不折不扣地执行法国政府及有权发布命令的领导所发布的命令。"

他鼓励自己的同胞：

在我们的血和泪所凝成的乌云后面，将重新出现我们伟大的太阳！

法国本土的抵抗运动成员聆听到将军的号召，纷纷走出来参加战斗。有的人破坏铁路和公路，有的人炸毁桥梁和军火库，还有人切断电话线，破坏报警系统。德国人变成了聋子和瞎子。

在布尼塔尼半岛，地下军把 14.5 万的驻守德军死死拖住了 17 天，阻止了向诺曼底的增援。隆美尔的 77 步兵师用 13 天的时间才走完两天的路程。德国最精良的装甲师也经常受到地下军的袭击。神出鬼没的地下军把德军弄得晕头转向，寸步难行，大大延误了战机。艾森豪威尔慨然惊叹：法国地下军的贡献相当于 15 个正规师！

诺曼底战役让德国人损失了 50 万兵员，还有 25 万人被俘。希特勒的防线开始迅速瓦解了。

法国人的辉煌战绩让戴高乐大受鼓舞，他没有答应美英两国要他立即访美的要求，而是忙着争取更多的支持和承认。8 日到 20 日，捷克斯洛伐克、波兰、比利时、卢森堡、南斯拉夫等国在伦敦的流亡政府相继承认了法国临时政府。

他还不失时机地任命他的副官等 3 人到诺曼底地区建立了政权。

他还通过媒体谴责了"盟国军政府"，得到新闻界很多人的支持，也惹得罗斯福大为恼火。

此时传来贝叶城解放的消息。戴高乐匆匆踏上旅途，他要以法国领袖的身份视察这里。

6 月 14 日凌晨，戴高乐登上了"战斗号"驱逐舰，驶往法国。他站在甲板上，面色严肃，沉默不语。他是

1940 年以逃亡者的身份离开法国的。4 年之后，他 54 岁了，须发已斑白，但终于以胜利者的姿态回来了。他重新踏上祖国的土地，真是百感交集。他的随从人员喊住了两名警察，让他们告知居民戴高乐来访。居民们看到他，先是惊讶，紧接着就欢呼起来。孩子们把他围住，一些妇女和老年人一边抽泣着，一边述说着德国鬼子的种种暴行。很多人从家里走出来，跟在他的身后。人越来越多了，贝叶县长高喊着：

"祖国和荣誉！"

"我们的戴高乐将军回来了！"

戴高乐心情激荡，一种自豪感和民族自信心油然而生，他扬起手臂，诚恳地要求居民们支援盟军和法国军队作战，他的声音充满激情：

"我们法国人民要永远记住 6 月 6 日这一天，这是伟大的解放战争的第一天，从这一天起，我们在法国领土上开始反攻。从这一天起，我们要获得胜利，我们的国家和民族要从敌人的践踏下获得解放！"

居民们以欢呼来回答这位荣归故里的英雄。他们相信，全法国解放的日子不会太远了。

凯旋之后

他把法国送上了大国的餐桌，却因为党派政治而放弃了手中的权力。

巴黎的解放

战斗在法国激烈地进行着。7月18日，英国将军蒙哥马利率部向敌人发动总攻。不久，盟军的两个集团军抵达巴黎的外围。8月下旬，勒克莱尔率领的法国第二装甲师直逼巴黎的大门。

在"霸王行动"刚开始的时候，戴高乐就向盟军总司令艾森豪威尔提出不可置疑的要求：法国军队要参加解放巴黎的战斗，要首先进入巴黎。他一向关注的是法国要以交战国的身份出现，而不是单纯的被解放者。

法国首都巴黎又要登上历史舞台，成为世人瞩目的中心了。

它首先面临的是政权的选择。

一场政治阴谋就在这里揭开序幕：

皮埃尔·赖伐尔在1940年投降希特勒，担任了维希政府的总理兼外交部长。这个政客和野心家看到他的主子德国人已注定要失败，马上灵机一动，想再组织一个政府，打算在盟军进入巴黎时，得到盟军的支持。为了这个设想，他想请曾担任过政府总理和国民议会议长的著名政治家赫里欧先生出山，到巴黎召集 1940 年的国民议会，让它成为法国政府的最具传统的权力机构。赖伐尔经过德国人的同意，把赫里欧先生从德国人的监狱里接了出来。可是赫里欧没有轻易上当，纳粹分子德·让等人也出面阻挠，赫里欧再次入狱。这一场右派导演的闹剧才到此收场。

有政治眼光的戴高乐感到要真正在即将解放的国土上行使权力，当务之急是清除来自盟国的阻力，取得罗斯福的支持。恰好罗斯福早就邀请他访美，现在到了应该去的时候了。在 7 月 6 日下午，戴高乐到达华盛顿。

当他穿着笔挺的军装，健步走下飞机的舷梯时，礼炮轰鸣了 17 响，而不是国家元首的 21 响礼遇。他看到欢迎的人群中有法国的代表和美国记者，美国著名将领马歇尔和海军上将阿诺德·舍也走上前来，与戴高乐握手寒暄。而国务卿赫尔则没有露面。他心里明白，这是用礼仪的规格暗示：罗斯福对戴高乐的态度没有改变。

一辆轿车载着戴高乐向白宫驶去，罗斯福在那里接见了他，在场的还有国务卿赫尔和其他几位美国高级官员。罗斯福的脸上现出灿烂的笑容，他用法语向戴高乐问候：

"您好，戴高乐将军，美国早就在等待着您的光临了。"

"对您的邀请我深感荣幸。"戴高乐彬彬有礼地回答。

寒暄过后，他们坐下来交换了对当前世界形势的看法，他们都认为要在即将到来的时刻，解除德国人的武装。

7月7日，罗斯福在白宫设午宴招待戴高乐，罗斯福发表了友好的讲话。他说：

"我们已看到，法兰西的黎明来到了。我们已看到这一文明将获得全部解放，不仅是过去的文明，而且比战争以前更吸引人、更伟大的文明都将获得全部解放。"

罗斯福对戴高乐说：

"在法国人和美国人之间，或者戴高乐将军和我本人之间没有什么大的问题，一切都会得到很好的解决。"

他们两人还单独会谈两次。罗斯福畅谈他的理想，他要打破美国过去的孤立主义，打算通过国际法来建立一个常设的干涉机构，他要建立美国、英国、苏联、中国几大国的领导权，来解决全世界的大事。

戴高乐听着这些畅想，感到西欧的重要被严重忽略了。他说：

"西欧是应该复兴的。西欧虽然存在一些分歧，但是这些国家还是一个重要因素，任何东西代替不了这些古老民族的价值、能力和光辉。首先是法国，它是欧洲的大国，只有法兰西，无论过去、现在或将来都是你们的盟友。我知道你们想在物质上给它宝贵的支援。但是在政治上也应该让它恢复自己的实力和信心，必须让它起作用。如果有关世界上最重要的决定不让它参加，如果战后给它造成一种战败者的心理，那它怎能起作用呢？

罗斯福真诚地表达了对法国热爱的感情。可是正因为这种感情，所以对它的惨败感到非常失望和痛心。

"我是一个总统，有时候竟然想不出法国总理的名字。"罗斯福对法国政局的混乱十分不满。

可是当戴高乐指出，罗斯福对"战斗法国"的态度，将对法兰西如何不利时，却没有得到这位总统的共鸣。戴高乐终于得出结论：在国际事务中，感情和理论都要让位于当前的现实。法国要复兴，只有靠自己。当他说出自己的想法时，罗斯福笑了。他说：

"我们应该努力去做，但是的确，为法国服务，谁也不能代替法国人民。"

美国总统热衷于从强国的角度，用全球的观点看未来世界；法国将军最关注的是眼前创伤累累的法国。他们各怀心事，很难谈得拢。

会谈虽然没有实质性的进展，但是总算前进了一小步。11日，罗斯福在白宫举行了记者招待会，他说，在"法国人民选出它的政府之前"，同意法兰西民族委员会作为"事实上的民政当局"，但它将不被看做临时政府。

他们交换了礼品，戴高乐送给罗斯福一个小潜艇模型，罗斯福送给戴高乐一张自己的照片，上面写着："赠予我的朋友戴高乐将军"。

访问将要结束了，戴高乐在华盛顿举行了一次记者招待会。当他步入会场时，众多美国和法国记者站起来向他欢呼。他一反平日易激动和冷漠高傲的模样，微笑着用英语说：

"早上好，女士们，先生们！"

接着，他用法语宣读了一篇讲稿。他说：

"我将带着在美国首都逗留期间留下的美好印象离开这里。"

他用平静的语气暗示了他们的分歧：

"罗斯福先生高瞻远瞩，他的理想主义给我留下了深刻的印象。而我则尽力向他说明了法国在逐渐摆脱暂时的灾难以后，首先要和盟军按照自己的地位共同参加作战，一步步走出暂时的苦难。法国打算先与盟国一起参战，然后分享世界和平。"

接着他心平气和地耐着性子，巧妙地回答了记者们的各种问题，他不卑不亢，黑黑的眼睛诚挚地望着记者。

戴高乐以和蔼可亲和持重的态度赢得了记者们的好感，记者招待会取得空前的成功。一直支持戴高乐的美国记者再一次批评罗斯福的对法政策，呼吁美国支持戴高乐政府的舆论甚至成了一场运动。

罗斯福不得不做出让步。他让墨菲代表美国把一份承认法兰西民族委员会的证书交给外交事务专员勒力·马西格利。到 1944 年 10 月 23 日，终于正式承认了法国临时政府，这是后话。

就在戴高乐结束访美之行的那一天，在巴黎市郊发生了声势浩大的游行。人们高呼：

"打倒维希政府！"

"打倒赖伐尔！"

"戴高乐万岁！"

紧接着是工人罢工、警察罢工。维希政府就此宣告垮台。

这时法国共产党领导的抵抗运动在巴黎占据了优

势，他们想尽快建立自己的政权，在 8 月 18 日发出正式起义的号召，冒着被德军击溃的极大风险，与德军展开激烈的巷战。

而戴高乐要他的临时政府返回法国，他也需要尽快解放巴黎。

解放巴黎已成为迫在眉睫的头等大事。

可是总司令艾森豪威尔却按兵不动。

戴高乐心急如焚。8 月 18 日，他从阿尔及尔起飞，直达诺曼底，与总司令就战争问题交换意见。

艾森豪威尔介绍了自己的战略部署：蒙哥马利和巴顿将军的兵团，正在慢慢地逐渐从三个方向形成对巴黎的包围之势。

戴高乐坚信这种部署是错误的。他说：

"我知道您是这场战争的总指挥，可是巴黎的解放对全国有特别重大的意义，因此我不得不干预您，请您指挥军队直下巴黎！我还要求派勒克莱尔率领法国第二装甲师担负这个任务！"

总司令坦言自己的难处：

"攻打巴黎会造成严重的破坏！"

"可是盟军已经过了塞纳河，国内抵抗组织已经起义，再不进攻就太迟了！"

总司令只好说，他会尽快下达进攻命令的。

恰在此时突然传来消息：巴黎的德军正在集结，准备反扑。总司令当机立断，下令即刻进攻巴黎，任务由勒克莱尔将军的法国第二装甲师承担。戴高乐听取并批准了进攻方案；法军将从三路攻入巴黎。

8月24日，勒克莱尔的坦克轰鸣着，在炮林弹雨中向前挺进。城市的东部大部分被起义者占领，巷战在激烈地进行，勒克莱尔的侦察机飞过城市的上空。但是进攻并不顺利，德军在顽抗，法军损失惨重。直到次日清晨，勒克莱尔的坦克又开始推进，他们终于击溃了德军。法军各路纵队到达市中心和星形广场、协和广场。勒克莱尔把司令部设在蒙特帕纳斯车站，午后又占领了梅里斯。下午4时，德军司令官冯·舒尔提兹向一位法军中尉投降之后，被押解到勒克莱尔面前，签订了德国守军投降书。

巴黎解放了！

戴高乐在下午3时驱车驶往巴黎。潮水般的人群早已拥在道旁，人们欢呼雀跃，忘情地挥动着双臂和帽子。有的小孩骑坐在大人肩上，手里摇动着小小的法国三色国旗。欢呼声一浪高过一浪。当到达意大利门时，他不得不停下车来步行。勒克莱尔在豪特帕纳斯车站迎

接戴高乐，他们的手久久地握在一起。为了这个欢乐的时刻，戴高乐和他的人民实在是付出得太多太多，他永远不会忘记这个刻骨铭心的日子。

翌日下午，在巴黎举行了盛大的入城仪式。有200万人涌上街头，到处是飘扬的旗帜，到处是欢腾的人群。戴高乐在他的战友的簇拥下来到凯旋门，在无名烈士墓前静默致哀，把用鲜花扎成的洛林十字放在饰板上，然后重新点燃了英雄纪念碑前的火焰。他走上香榭丽舍大街，在凯旋广场，在园点广场、协和广场和巴黎圣母院，他走到群众中，群众高呼着戴高乐的名字。这个在法兰西民族面临危亡时举起抗战旗帜的人，这个历经无数磨难，顽强地带领法国人民走向胜利的人，怎能不得到人民衷心的爱戴？

面对着患难与共的人民，他深深感到，担当国家命运舵手的历史责任，正落在他坚实的肩膀上。

挤上大国的餐桌

巴黎解放之后，戴高乐把家搬到内衣尔一幢有花园的房子里，它位于巴黎的西部，从窗子里能看到德布劳涅林园。

戴高乐更多的时间是待在圣多米尼克街国防部大楼的办公室里。他成了最忙的"公务员"，每天早早离开家来到办公室，在这里主持部长会议、倾听众人的意见，当意见出现分歧时，他当机立断的意见就是结论。他经常加班，很少有时间与家人在一起。但是劳累丝毫没有影响他对法国前途的思考。他把维护法国的荣誉，要法兰西跻身世界大国当做自己义不容辞的责任。4 年的风风雨雨和艰难坎坷，难道不就是为了实现这个目标吗？

可是摆在他面前的是一个满目疮痍的烂摊子。

此时法国境内的德军还没有彻底被赶走，到 1944 年 9 月底，阿尔萨斯、阿尔卑斯山山口和大西洋沿岸还有残存的据点。

被敌人蹂躏过的法国，有 200 万座房屋被摧毁，3000 座桥梁被炸断，100 万公顷的土地已无法耕种，家畜只剩下了一半，全国有 1/3 的财富化为灰烬，还有大量的压得人喘不过气来的国债。

因为食物短缺，黑市开始猖獗，法国的经济已到了崩溃的边缘。

戴高乐深知要渡过难关，必须有一个统一意志的强有力的政府，加强政府的权威将是头等重要的大事。

8月28日早晨，戴高乐把抵抗运动的军事领导人召到他办公的地方，让他们在前厅站成一排，然后神情严峻地走进来，和军官们一一握手，一边说："有这么多上校。"他问一位军官：

"战前您是做什么工作的？"

"教师。"

"那么，请您回到学校去。"

"您呢？"他问另一位军官。

"我是工程师。"

"您必须回到工厂去。"

这些军官就这样被戴高乐"复员"了。

到了下午，他召集抵抗运动全国委员会的人员开会。这些政治领袖们被告知：委员会随着巴黎的解放已失去存在的意义。国内武装力量的高级指挥部应该解散，国内武装力量要并入法国军队。

抵抗运动作为集中的有凝聚力的政治力量，就这样被他"消解"了。一些共产党人对这件事极为不满，有人谴责戴高乐，但他不为所动。

他还视察了许多解放了的城市，在波尔多，在巴赛和里昂，他发现抵抗运动的领袖无心妥协，他都以强硬的态度迫使他们屈从。

不过当他在 9 月 5 日宣告代表"民族团结"精神的新政府成立的时候，他还是为抵抗运动的某些重要成员和共产党人安排了位置。他改组了临时政府，自己担任总理兼国防部长。在内阁中，国内本土代表占 1/3，从阿尔及尔回来的占 2/3。全国抵抗运动委员会中的两名共产党人加入内阁，参加内阁的还有社会党人和"人民共和运动"的代表，甚至包括了右翼势力（知名人士），他的政府得到社会各阶层人士的认同。

9 月 21 日，戴高乐在夏约宫召开的 8000 人大会上，把政府的政策和目标告诉给法国的民众。

讲话一开始，他就严厉地重申："不容许有脱离政府，妄图干涉司法和行政的任何组织存在。"

当他提到经济政策时，他说：

"在这样的非常时期，在国家还有很多困难的时候，个人利益需要服从整体利益，国家巨大资源的经营和管理要有利于全体国民，要永远消灭投机赢利联盟。"

在以后实行这些政策时，他提出进行社会改革的口号；政府要把煤炭、电力、能源、银行和保险公司收归国有；在工厂实行劳资合作，让工人参加企业管理，"工人的劳动和资本家的资本具有同样的权利"；工人的工资要提高，劳动条件要改善。在土地问题上还保证不驱逐农民。

戴高乐的改革让少数特权阶级怒不可遏，他们认为这些措施颇有社会主义的味道。他是把共产党的政策拿来为我所用。

一些人终于按捺不住，一个由各政治团体代表组成的代表团在 1945 年 3 月 19 日谒见戴高乐，他们要求："以后政府如果做出什么决定，决不能违背咨询会议的观点。"

戴高乐认为，这简直是对政府权威的挑战！他神情冷峻地回答：

"法国抗战运动大于各团体，而法国又大于抗战运动。我是以整个法国的名义来履行我的使命的，而不是以一个派别的名义……在下届大选前，我要对国家的命运负责，我也只对国家负责。"

他的政府继续推行旧的经济政策，在 11 月 6 日至 19 日之间，还发行了"解放公债"1100 亿法郎，抑制了恶性通货膨胀。国家手里有了钱，生产开始顺利恢复。

戴高乐还面临着混乱的国内秩序。战后的法国，人民的积怨太多了，那些法奸为虎作伥，曾经残害了无数人的生命。现在人们的愤怒爆发了，有的游击队员随意制裁通敌者，有的人不经法律手续就处决法奸。戴高乐想：决不能让西方盟国借口法国秩序混乱，来插手法国的事务。他因势利导，在全国开展了有秩序的清算法奸叛国罪行的工作。高等法庭建立起来了，一切都按法律程序审判。戴高乐主动承担了最后审定的任务。

傍晚，刑事案件的负责人莫里斯·帕坦把一堆卷宗送到他的办公室。戴高乐听完莫里斯的汇报，提出一些自己的意见。天已经很晚了，有的案子太复杂，他需要了解得更多，于是他对莫里斯说：

"这几件案子的卷宗我要拿回家看看。"

"您这样做是不是太辛苦了？身体会吃不消的。"莫里斯小心地提醒说。

戴高乐耸耸双肩，摊开双手：

"噢！为了对上帝负责，我只能这样做。"

他几乎每天都要开夜车阅读卷宗，感到异常疲惫。结果，许多被判死刑的人，在他那里改成了死缓。

审判工作取得很大成绩，维希政府官员有 108 人受审，有 779 名法奸被处决。法国盖氏太保的两个头目——波尼和拉芬，维希政府的总理赖伐尔被判死刑。另一个投降派人物贝当被判死刑，又改为无期徒刑。

　　法国的重建刚刚起步，戴高乐的目光又投向重树法国欧洲大国地位的事上，这是他从来没有放弃的目标啊！

　　1944 年 11 月 24 日，戴高乐登上飞往莫斯科的专机，随行的有几位部长。代表团到巴库之后，因为气候恶劣，苏方劝他们改乘火车，前往莫斯科。

　　北上的列车奔驰在俄罗斯的大地上，车窗外是皑皑白雪。戴高乐心事重重地望着窗外，往事像电影镜头一样，在眼前闪过：

　　在 10 月 23 日以后的日子里，美国、英国和苏联相继承认了法国的临时政府。

　　可是接下来发生的事就让人恼火了：

　　11 月 11 日，丘吉尔应邀访问巴黎。戴高乐诚心诚意地提出，今后法国和英国对各种国际事务都该采取一致行动。"英国和法国将联合创造和平，正像他们曾两度共同面对战争一样。"

　　丘吉尔却摆足架子，只同意建立"原则上的联盟"，还要请美国批准。

　　美国的表现更让人无法忍受：罗斯福总统竟谢绝访问法国的邀请，理由是他正在邀请英、苏、中三国代表举行橡树园会议，讨论建立联合国的事。而法国被完全排除在外。

正在戴高乐义愤填膺之际，恰好苏联政府抛出绣球，发出让其访苏的邀请。他立刻感到眼前一亮：为何不打苏联这张牌呢？苏联出于自身的利益，是愿意看到法国在西欧崛起的，它能起到一种平衡作用。于是才有了寒冬腊月艰苦的莫斯科之行。

列车整整行驶了4天，直到12月2日，才把这些疲惫不堪的法国代表团送到莫斯科。

在这里，戴高乐和斯大林会谈了15个小时，经过两国外长比得尔和莫洛托夫的激烈争论，终于在克里姆林宫签署了20年的法苏互助条约。戴高乐庆幸自己又有了一个强大的新伙伴。

戴高乐的兴奋还没有过去，又传来了坏消息：1945年2月3日，罗斯福、丘吉尔、斯大林在雅尔塔开会，讨论战后的德国问题。斯大林一改会谈时的友好态度，竟然坚决反对法国在德国得到一个占领区。罗斯福积极支持他。

将军异常气愤，他在2月5日发表广播讲话，警告他们说：

"法国对于自己没有同其他国家以同等权利参加讨论和表示同意的事情，可以不受任何约束。"

大国的首脑们清醒了。丘吉尔想明白了：对英国来说，有一个强大的法国做伙伴有什么坏处呢？罗斯福在这位盟友的劝说下也豁然开朗：要想和苏联抗衡，法国这颗棋子在棋盘上的作用，还真的不可忽视。

最后雅尔塔会议做出了决定：法国与英、美、苏共同占领德国，成为管制德国的成员国。法国还成为联合国的五个发起国之一。

戴高乐多年为之奋斗的目标，总算实现了第一步。满目疮痍的法国，被贝当打上耻辱烙印的法国，终于恢复了荣誉和尊严，挤上大国的餐桌。

但是他没有轻松的感觉。他坚信实力决定一切，极力主张法国的军队在欧战的最后阶段要发挥更大的作用，显现出名符其实的大国的风采。

这时的战争还没有结束。3月22日美国的巴顿将军渡过了莱茵河。为了不落在盟军的后面，戴高乐命令德拉特尔将军渡过莱茵河，向卡尔斯鲁厄和斯特加特挺进。又命令杜阿让将军率领部队夺取意大利的都灵。

这时欧战已经快要结束了。

4月28日意大利游击队处死了法西斯头子墨索里尼。

4月30日战争狂人希特勒在柏林的地下室自杀。

5月4日，勒克莱尔的法国第二装甲师占领了希特勒在贝希特斯加登的别墅。

5月9日，戴高乐指示法国第一集团军司令德拉特尔将军，在柏林代表法国，在德国投降书上签字。

由于戴高乐所做的一切，法国避免了欧洲其他国家成为盟军占领国的命运。他为法兰西赢得了独立和尊严，他也赢得了人民的爱戴。

被遗忘的英雄

1946年1月20日，戴高乐突然宣布辞职，退出政府。人们惊呆了。

原来在1945年下半年，随着欧战的结束，过去第三共和国的政界人士纷纷从各处返回法国，四大政治团体：共产党、社会党、激进党和基督教民主党又开始热衷于党派之争，在建立什么样的政权的事情上，他们与戴高乐有了重大分歧。

戴高乐认为多党制对法国有百害而无一利。从1875年到1940年，法国更换了102届政府，而同一时期，美国是14届，英国是20届。频繁更换的政府很难有所作为。他理想的政府是什么样子呢？那就是实行总统制，领袖由公民投票直接选出，它置身于各党派之上，再由总统组织一个为全民族和社会服务的行政机构。而总统则大权在握。

可是政府中的同行们都反对将军的主张。埃里奥是被戴高乐当做上宾用专机接回巴黎的，他却拒绝将军要他担任政府职务。还有右翼政治家路易·马兰也不接受担任部长。

戴高乐和部长们商议，只好采取全民公决和选举相结合的办法了。

当制宪议会开始讨论选举政府总理的时候，各个党派讨价还价，整整闹腾了一周，也没有结果。目睹这种场面，心情沉重的戴高乐于11月11日，在凯旋门广场主持了一次追悼会。在无名烈士纪念碑的周围，摆放着从各个战场送来的15口棺木。戴高乐发表了动人心弦的讲话。他在深情地缅怀无名烈士的伟大功绩之后，语重心长地告诫人们：

"我们应该认清，祖国的利益永远是至高无上的法律。在严酷的世界和艰难的时局给它所造成的形势下，一切都应该服从效忠祖国的义务！"

他发出诚挚的呼吁：

"为了医治遍体鳞伤的法兰西，我们应该团结如手足，如手足！这就是说，不作无谓的争执，迈着同样的步伐，唱着同样的歌曲，在同一条路上携手前进！"

群众的情绪被激发起来了，广场上响起经久不息的掌声。

也许是将军的讲话给了政客们一副清醒剂，两天后，国民制宪议会一致推举戴高乐为法兰西共和国总理。

他开始着手组织政府的工作。各党派经过反复争论，终于达成协议：共产党、社会党和人民共和党各得四个部长职务，民主社会抵抗联盟和无党派人士各得两个职位，激进社会党得到一个。

新政府刚执政时还很和谐，推行了银行、保险公司和主要公用事业的国有化，还建立了一个规划委员会，由莫内主持，在以后10年的法国经济复苏中起了重要的作用。

但和谐很快被喋喋不休的争论所破坏，有人竟提出政府的国防预算经费要减少20%，戴高乐认为在当时的国际形势下，简直荒谬之极！他终于忍无可忍，感到是自己应该退却的时候了。

1月1日，他来到立宪议会的会场，他说：

"我和你们之间的分歧，在于双方对于政府和政府与人民代表机关的关系的整个看法不一致。我们已经开始了共和国的复兴工作……我必须开诚布公地告诉你

世界名人传记丛书

们，如果你们在做这项工作时，不理解我们近50年的政治史，如果不考虑政府的权力、尊严和责任是绝对必要的，那么我可以预言，你们这样下去，迟早会有一天对自己所选择的道路后悔莫及。"

1月20日，各位部长接到开会的通知，如约来到"盔甲大厅"。将军与到会者一一握手之后，宣读了简短的声明：

"排他性的党派制度又要卷土重来了，这是我不赞成的。但是除非用武力建立一个我不能同意的，也不会有好结果的独裁统治，我无法制止这种尝试。所以我必须告退。

今天，我就要向国民议会议长递交政府辞职书。

我衷心感谢诸位所给予我的帮助，并请求你们在继任人到职之前各守岗位，保证工作顺利进行。"

读完声明，将军昂首阔步离开了房间，又上楼给立宪会议主席写了一封辞职信，然后回到家里。

对于他的离职，人们在惊讶之后，社会上反应平平，没有人挽留他。这位法兰西的民族英雄被遗忘了。也许这正应了普鲁塔克的一句话：

"对伟大人物忘恩负义是强大民族的特点。"

戴高乐的名字开始从报纸第一版上面消失。他交出了那架威武的"空中霸王"飞机，那是美国总统杜鲁门送给他的礼物。还有一辆艾森豪威尔赠送的卡迪拉克轿车也上交到国库。他开始使用自己出资购置的小型法国轿车。

不久，将军和他的家人回到科隆贝教堂村。这个风景优美的村庄位于法国东部，连接巴黎通往瑞士的公路卧在它的近旁。1933 年，将军在这里置下一幢房屋，后来又在上面修筑了一间小阁楼。简朴的宅邸有一个小花园，周围是郁郁葱葱的树林和广阔的农田。站到窗前能看到奥比河谷的风光。在以后的岁月里，它成了戴高乐夫妇最喜欢的居所。

戴高乐在经历了政治上的残酷角逐之后，很迷恋这个温馨的港湾。他对读书很着迷。他最喜欢的是哲学家柏格森的著作，还有夏多布里昂、圣西门、俾斯麦和萨特的作品。

读书之余，在花园里漫步也是他的一大乐趣。晚上和家人一起看电视，当看到足球转播时，他常会激动地大喊大叫。他也会和家人或朋友一起打牌，将军最害怕输牌，有时会偷偷做起手脚，妻子伊冯娜则装做什么都没看见，让将军充分享受赢牌的乐趣。戴高乐更多的时间是陪伴最钟爱的小女儿安娜，这是一个智残的孩子，她得到了父亲最真心、最强烈的爱。将军给她讲故事，带她散步，教她出牌，跟她在一起将军感到舒适和满足。不幸的是安娜在 1948 年的 2 月 10 日因肺炎死在戴高乐的怀中。

　　将军和妻子过着中产阶级的生活，经济上不宽裕。他不肯领取 1946 年政府给予的养老金，只靠准将的津贴过活。一位部长建议把他的军衔升为将军或是元帅，这样就会增加他的收入。戴高乐严辞拒绝。他写信给这位部长说：他的军衔从 1940 年以来至今，多年来显然没有人曾想到需要做任何改变，现在采用行政办法解决未免荒谬，正确的办法是维持现状。不过，他在加莱附近有一个占地 45 亩的农场，那里的收入可以补贴家用。

　　他的性格随着年龄的增长有所改变，对于家人和来访者，常显出诙谐和幽默。他的大发雷霆也在逐渐减少，他学会了控制自己暴躁的脾气，可是有一点却没有改变，那就是他的骄傲。

　　可是他的内心又渐渐泛起波澜，是那种深入到骨子里的对法兰西的热爱之情，又在促使他把关注的目光投向法国的政局。也许应该说，这种关注始终就没中断过，只是退隐后是身处政权之外在远处遥望。他每天听那台旧收音机里播出的新闻，那些第三共和国的政客们

戴高乐

竟然又活跃起来，政府做的一切都让他大失所望。他终于按捺不住，开始出面组织法兰西联盟，想要重建新的政府。但是运动在经过一段轰轰烈烈之后，最后以失败告终。将军本人也在 1952 年 5 月 6 日退出联盟。

他不再干预政事，开始了《战争回忆录》的写作。他回顾自己走过的道路，思考法国的命运，总结成功的经验，也检讨失败的错误。既然他无法预知自己是不是还能重返政治舞台，那么就好好评价自己在历史上的地位，为自己树立一块纪念碑吧！他还希望他总结出来的思想能对治理国家有所裨益。因为他永远把为法兰西服务当做自己神圣的使命和责任。

他坐在阁楼里，写作得很艰辛。他用黑墨水一笔笔地写着，因为视力不好还戴着厚厚的眼镜片，他不断地修改，再由女儿伊利莎白用打字机打出来，一位秘书帮助他准备相关的资料和文件。写累了，他就站在窗前俯瞰花园及四周的景色，或者出去散步，一边在不停地思考着。

他的著作引起出版商的兴趣，他们争相要出版。戴高乐最终选中的是出版过福煦、霞飞、克莱蒙梭和丘吉尔著作的著名的普隆出版社。

他和妻子伊冯娜商量怎样使用稿酬的事，他们一致同意把大部分稿费用做为残疾儿童设置的信托基金的费

戴高乐

用，还以他们的残疾女儿安娜命名，叫做"安娜·戴高乐基金"。他们还建立了残疾儿童保育院。可是在 1951年，安娜基金近于枯竭，将军不得不把自己的住房抵押出去，他的朋友蓬皮杜——将军私人秘书处的负责人，当时在社会上的职务是一个银行的经理，他利用职务之便，为将军弄到一笔贷款，戴高乐才走出了经济困境。

1954 年 10 月 5 日，回忆录第一卷《召唤》出版。

1956 年 5 月 29 日，第二卷《团结》出版。

第三卷《拯救》是在 1959 年 9 月 25 日，即他重新执政后出版的。

《战争回忆录》受到读者的热烈欢迎，每一卷都印刷了 40 多万册。

回忆录的畅销为戴高乐带来大量的收益，他把这些钱投入到安娜基金会，还馈赠给法国红十字会和别的一些慈善事业。科隆贝教堂和教区也得到了他的捐赠。

戴高乐对法国政局的担忧依然有增无减。但是政府虽然不断暴露出致命的问题，却依然没有倒台。1956 年 6 月 30 日，戴高乐举行记者招待会，宣布他不再干预政事。他已经被人们忘却了。

再度出山

他走了一条独立自主的路，实现
了让法国强大的心愿。

第五共和国

夜幕降临了，在科隆贝教堂村一幢有阁楼的房子里，烛光闪烁，气氛温馨。餐桌上摆着一瓶鲜花，是伊冯娜从花园里采撷的。一家人围坐在一起，正在庆祝戴高乐67岁生日，时间是1957年11月22日。

戴高乐坐在那里，后背已有些微驼，头发灰白，还戴着有厚厚镜片的眼镜。岁月无情，他明显变老了，可是体态反而更匀称，显得气度非凡。他说话的嗓音柔和了许多，不像过去那样尖利，语调也不再生硬。他心平气和地接受家人的祝福，机智幽默的谈话引起阵阵笑声。

到了1958年初，他的心情开始变得躁动不安，他明显感到时不我待，生命在消逝。无论他在做什么，想要重新步入政坛的想法顽固地占据着他的头脑，简直是挥之不去。

第四共和国已经存在12年了，虽然在恢复和发展经济上做了不少好事。可是政治生活却一片混乱。戴高乐深恶痛绝的党派政治让法国在 11 年的时间里，出现了 17 位总理，21 届政府，时间长的是一年多，短的只有两天。这样像走马灯似的政府哪里会实行稳定的政策，一旦出现危机，就会束手无策！

3 月将尽，在 12 年的沉寂之后，抱着舍我其谁的观念，他终于在老兵协会上发表了公开讲话：

"在过去的两年里，法国人民已经有些觉醒，如果这种公众意识进一步发展，那么我将直面我的责任，再度将国家大权集结在手中。"

政局的变幻有时就像是魔方，让人难以预料。危机终于出现了。

阿尔及利亚这块法国在非洲的殖民地，像一个火药桶，时时都有发生爆炸的可能。

那里的人民一直在为争取独立而战斗。

法国军队遭遇过在越南的失败——他们在那里被赶了出来，这些殖民者不好好反思自己的罪过，却感到耻辱。所以当阿尔及利亚人反抗法国统治的时候，法国军队进行了残酷的镇压。而政府正在忙于你方唱罢我登场的换届游戏，无暇他顾。法国军队以蔑视政府的心态，不断地越位，竟然行使管理国家的职权。为争夺控制权，在阿尔及利亚这块土地上，政府和军队展开激烈的角逐，如果继续下去，其结果必然是两败俱伤。形势的发展急需一位能人来收拾这种混乱残破的局面。

戴高乐经过一番审时度势，越发相信，这个能拯救法国的人非他莫属。

将军的一些追随者也持有相同的看法，他们开始频繁地活动，想方设法让各派都拥护戴高乐执政和收拾残局。

这些人物的领头人是米歇尔·德勃雷。他是坚定的戴派，在第四共和国的历届内阁里，他都呼吁要戴高乐出山。他创办的期刊上说，只有戴高乐能拯救法国。

沙邦·戴尔马是加亚尔内阁的国防部长，他把手下能干的下属莱昂·德尔贝克派往阿尔及利亚充当心理战顾问，实际工作是建立一个情报网，积极为戴高乐出山大造舆论。

当时对第四共和国感到失望的，除了阿尔及利亚的白人移民和军队的将军们，还有极右分子和戴高乐派人物，他们都反对政党政治。

戴高乐密切地关注着形势，不断有各种简报送到他的办公室，他的拥戴者也频频到科隆贝访问，带给他最新信息。将军始终沉默着，没有公开发表任何讲话。

1958年2月8日，阿尔及利亚的危机加剧了。有16

名法军士兵在伏击战中被阿尔及利亚人打死，这些人来自突尼斯。法军军官没有同政府打招呼，派出一架轰炸机对一个名叫萨基的村庄投下了炸弹。那里位于突尼斯和阿尔及利亚的边境，有 69 名突尼斯平民被炸死。突尼斯人愤怒了！总统布尔吉巴向法国总理加亚尔提出强烈抗议。加亚尔却拒绝接受抗议，他把事情提交给联合国。联合国安理会委托英美两国调查和处理这件事。

可是突尼斯和阿尔及利亚那时都是法国殖民地，他们与法国闹冲突应该算是法国的内政。加亚尔政府竟容许联合国对法国主权进行干涉，岂不是有辱尊严，大失脸面？人们群起而攻之，4 月 15 日，加亚尔政府灰溜溜地辞职了。

法国陷入没有政府的境地，总统科蒂被政局弄得焦头烂额。

人们开始怀念顽强地维护法国主权的戴高乐，这位视国家的荣誉与独立为生命的人，如果由他执政就绝不会有丧权辱国的事发生，也只有他才有办法，把法国从混乱中拯救出来。

戴高乐通过 12 年的观察与思索，在政治斗争的手腕上已经更为老练，他认为此时表态还为时过早，他要拭目以待。

科蒂总统又启用了普列文，但是因为社会党的反对，普列文很快下台了。

这时在阿尔及尔，德尔贝克组成了一个治安委员会，他还组织了一次群众示威，坚决要求成立军政府。

德尔贝克兴冲冲地来到科隆贝，告诉将军："时机已经成熟，将军应该有所行动。"

将军却冷静地说："我不想在军队的挟持下上台。我如果执政，必须要有合法性，要得到人民的赞同。"

德尔贝克对将军的话深感失望。将军看出他的沮丧，于是又笼统地补充一句：

"我知道我应该如何面对我的责任。"

德尔贝克不得要领，一片茫然。将军却带着家人外出旅游去了。他在等待时机，不想贸然行事。

法国政府的换届游戏越演越烈。普列文的政府倒台后，总统科蒂又要社会党领袖弗林姆兰组阁，对他说：

"你是我最后一张王牌，你若失败，便只有一个办法：去请戴高乐。"

在此之前，总统已经私下派人跟戴高乐部下有所接触，询问将军组阁的条件，而被将军婉言谢绝。

弗林姆兰的上台引起法国军队的恐慌。因为他表过态，想与阿尔及利亚谈判。军队害怕与阿尔及利亚一起被政府抛弃。

5月13日，阿尔及尔终于爆发了骚乱，成千上万的人聚集在总督府大楼前，在一个名叫皮埃尔·拉盖拉德的学生带领下冲进大厦。他们把大厦中办公桌里的文件抛得漫天飞舞，还不停地喊口号和唱胜利歌曲。

半小时后，玛素将军来到现场，他站在阳台上，用沙哑的声音大声喊着：

"请大家放心，我们已经成立了公安委员会，来全权处理阿尔及尔的事务。它将为戴高乐将军在法国成立公安政府做铺垫。"

骚乱的人群平息了。

晚11时，德尔贝克找到驻军司令萨朗，帮助他起草了一份给科蒂总统的电报：

……现在我们面临着威胁民族团结的严重混乱局面……在这种情况下，负责的军事当局认为：迫切需要呼吁一位能主持全国大局的人出来，组成一个可使阿尔及利亚公众舆论安心的公共安全政府。

不用说，谁都知道这位能主持大局的人是谁。

可是在14日凌晨3点30分，弗林姆兰以多数票通过，当选为内阁总理。法国再度组成了一个合法政权机构。这是对阿尔及利亚局势的公然挑战。

阿尔及利亚驻军总司令萨朗将军旗帜鲜明地抗议新政府，他站在总督府的阳台上，向聚集在附近的群众发表反对新政府的讲话。演讲结束时，振臂高呼：

"戴高乐万岁！"

台下的群众情绪激昂，也跟着喊起了同样的口号。

直到此时，戴高乐才认为时机已成熟，他开始从蜗居之处走向前台，把一份简短的声明交给来到科隆贝的吉沙，当天下午通过法国新闻中心发布出去：

……12 年来，法国面临种种问题，非政党体制所能解决。国家一直处在这种灾难状态之中。上一次国家在危急存亡的关头曾赋予我以重托，领导救亡图存；今天面对再度笼罩这个国家的重重困难，我宣布我将随时准备执掌共和国的权力。

与此同时，"复出行动"正在秘密策划，这是玛素将军等人在 4 月底制订的计划，它的内容是：从阿尔及尔和图卢兹起飞的伞兵和巴黎城外的坦克兵一起进入巴黎，占领警察署、市政大厦、国民议会和广播电台，然后迫使巴黎的政府机构接受由戴高乐领导的政府。

5月19日下午3时，将军走入奥赛宫，召开了新闻发布会，这是多年来将军第一次公开露面。他的态度自信而庄重，他说自己不属于任何一个人，而属于所有的人。当有人问他：

"请问将军，如果您重新执政，是否会侵犯公众的自由？"

他摘下厚镜片的眼镜，耸耸双肩，回答说：

"我会做这样的事吗？恰恰相反，当公众丧失了自由的时候，是我让他们恢复了自由。"

他略微停顿一下，接着说：

"我今年68岁了，怎么能在这种年纪开始独裁者的生涯呢？"

发布会将要结束时，他郑重地说：

"现在我将返回我的村庄，留在那里等候国家的派遣。"

他对重新出山充满了自信。

5月26日，戴高乐召见了上马恩省省长马赛尔·迪波尔特，告知他已获得消息：在27日或28日，巴黎将会发生政变。在此前几天，伞兵已在科西嘉岛着陆，击溃了政府军的反抗，代表公安委员会夺取了政权。他要

求当晚会见总理弗林姆兰。

晚上 10 点 30 分，在巴黎城西圣克拉乌德公园的管理员家里，他们会晤了。礼貌的寒暄之后，戴高乐说：

"目前的局势一触即发，我将是唯一能避免内战发生的人。希望现任政府能顾全大局，辞职让路。"

弗林姆兰的态度很坚决：

"我以为当务之急是将军应该立即谴责阿尔及尔和科西嘉的叛乱，这样才会防止局势的恶化。否则我不会辞职。"

他们都坚持己见，谁都说服不了谁。

27 日上午，将军在一夜未眠之后，把一份声明送到总理办公室，并且立即被发表了。声明的开头说：

我已从昨日开始采取必要的常规步骤，来建立一个能够确保国家统一和独立的共和国政府。

声明的结尾写道：

我希望驻在阿尔及利亚的陆海空三军做遵守纪律的模范，听从他们的司令官萨朗将军的指挥……我向这些领导人表明，我信任他们，并愿与他们立即取得联系。

这是戴高乐给政府致命的一击，也及时制止了将军们使用武力的"复出计划"。它更引起了立宪议会的恐慌。现任总理弗林姆兰在弄清科蒂总统的意图——请戴高乐出山之后，不得不递交了辞呈。可是他再次重申，戴高乐要执政，必须有国民议会的确认表决。

　　科蒂总统在协调戴高乐与国民议会之间关系的尝试失败之后，采取了破釜沉舟的办法。5月29日下午，他向国民议会宣读了国情咨文，其中说道，法国已处内战边缘，只有一个人能拯救这个国家，他要请戴高乐将军组阁。如果议员们否决他的咨文，他将立即辞职。

　　议员们议论纷纷，但没有人否定国情咨文。

　　下午4时30分，将军离开科隆贝，来到爱丽舍宫，与科蒂总统商讨组阁的事。

　　5月31日，将军回到科隆贝稍作停留，这标志着他隐居生活的结束，然后带着妻子来到巴黎。他会见了社会民主党的领袖们，语气温和地阐述了自己的打算。将军魅力十足，让昔日的对手们无话可说。

　　第二天国民议会进行表决，将军以320票对224票赢得多数，作为总理终于得到确认。

　　1958年6月2日，将军夫妇入住法国总理的传统寓所——马提农大厦。情绪高涨的将军在组阁之后，立即组成一个委员会，起草并最后通过了新宪法。宪法的中心是赋予总统以至高无上的权力：他要超越政治斗争之上，是一个国家的决策者。将军认为，面对政局纷乱的法国，这是绝对必要的。在接下来的选举中，将军轻而易举地获得胜利。当选为第五共和国第一任总统。

1959年1月8日，戴高乐总统来到爱丽舍宫，与科蒂总统共进午餐。之后他们乘车前往无名烈士墓敬献花圈。

将军政治生涯中第二个高峰即将开始了。

阿尔及利亚不属于法国

戴高乐总统的活动日程总是安排得满满的。他每个月都要视察法国一个地区，随行人员都感到有些吃不消。还有一个特殊的麻烦是，因为他身躯高大，每到一地，都要特地为他准备一张7.5英尺的大床。

他不喜欢放权，无论走到哪里都要看巴黎的报纸，随时把意见传达给他的办公室。这样一来，爱丽舍宫的工作班子的权力就越来越大，他对政府的控制也越来越严。他外出的日子跟在家里时似乎没什么两样。

现在戴高乐开始把目光放在阿尔及利亚问题上，他认为这对他的第五共和国能否生存下去至关重要。

面对这件极为棘手的事，将军经过实地考察，并阅读了法国驻阿尔及利亚顾问的备忘录，在苦苦地思索之后，终于得出了结论：对阿尔及利亚如果不改变政策，它将会从政治上、经济上和军事上让法国陷入无底的泥坑，唯一的办法是断然结束导致毁灭的殖民统治，让阿尔及利亚独立，这是历史的潮流，任何人无法改变它。

于是从 1959 年到 1962 年，戴高乐以惊人的毅力和政治家的远见卓识，采取循序渐近的方法，逐步把法国人引出固有观念的误区，在阿尔及利亚非殖民化的道路上，走出关键的一步。

其实，早在 1958 年 6 月 4 日，将军刚出任政府总理时就访问过阿尔及尔。当时他抵达政府大厦，走上阳台时，下面如山如海的人群一片沸腾。将军在那里发表了热情洋溢的讲话，他大声说：

"我理解你们！"

台下为这句话响起了长时间的热烈的掌声。后来传闻，就在此时，在他对面的窗口有一个狙击手，正在举枪瞄准他。因为听了这句话，此人把枪放下了，也放弃了自己的使命。狙击手是当地白人组织派遣的，他们坚信戴高乐会背叛他们。

在阿尔及利亚有100万欧洲移民，有900万穆斯林。多年来穆斯林一直在为谋求独立而斗争，他们成立了民族解放阵线组织，在1958年9月19日又成立了阿尔及利亚共和国临时政府。戴高乐很有远见地说：

"我们保不住阿尔及利亚。"

但是他不想过早地暴露自己的看法，他害怕会引起严重的动乱。

在总统选举之前，将军又一次来到北非，在一次讲话中提议：穆斯林的工资要和法国人保持一样的水平，50万英亩的国有土地要分配给穆斯林农民，大多数孩子要得到应有的教育。他还表示，不论宗教和肤色，所有候选人都享有平等竞争的权利。他邀请阿尔及利亚临时政府的领导人到法国谈判，许诺保证他们来往的安全。

将军的话像引爆了一颗炸弹，让法国移民和驻军义愤填膺，他们固守阿尔及利亚属于法国的观念不放；更让将军意想不到的是，穆斯林的民族解放阵线组织也拒绝了他的建议。

面对双方的不理解，将军没有气馁。他以坚不可摧的意志为迈向最终目标铺平道路。

他在一点点地暗示、渗透他的阿尔及利亚政策，逐步转变法国人的固有观念。

9月16日，戴高乐认为时机已经成熟，通过广播和电视明确宣布：要阿尔及利亚人自决。他提出三种解决办法：与法国完全脱离；留在法国统一体内，或者与法国形成某种形式的联合。究竟走哪条路，他要阿尔及利亚人自己决定。

将军的讲话惹恼了在阿尔及利亚的法国人，当地的极端分子组建了私人武装——法兰西民族阵线，而那位曾经是坚定的戴高乐分子的玛素将军在接受采访时竟然说：

"我们再也无法理解戴高乐的政策了。"

"我们将不会无条件地执行国家元首的命令。"

这实在是太过分了。戴高乐毫不手软，立即把玛素调任梅斯警备司令。他决不允许武装力量左右政府的决策。

没想到这件事引起轩然大波。民族阵线的人掘起铺路石筑成街垒，学生们占领大学的主要建筑物。他们高喊："绞死戴高乐！"并且与宪兵发生冲突，造成了流血事件。

危机整整持续了一周，驻军的长官们举棋不定，差一点加入暴乱者的行列。

1月29日晚8时，戴高乐再次出现在电视屏幕上，他面容憔悴，语气格外坚定。他坚持阿尔及利亚人有权选择自己的命运。他强调军队在任何情况下都不能与暴乱者同流合污。讲话快结束的时候，他慷慨激昂，提高了声音：

"我亲爱而古老的国家再一次面临严峻的考验，它不会对任何篡权者妥协，否则，法国将成为漂浮在命运之海上的一件悲惨而破损的玩物。"

这次讲话反响热烈。暴乱者们为将军的魄力所震撼，叛乱领袖拉盖德投降了，奥替滋潜逃出境，法国驻军有40个单位宣誓效忠戴高乐。将军这才松了一口气，他的助手对他说：

"我们赢了！"

将军没有停下脚步，12月20日，他宣布要举行全民公决，决定一旦实现和平，是否要阿尔及利亚独立。投票结果，70%以上的公民赞同阿尔及利亚独立，将军为自己的目标终于实现而深感欣慰，他的努力没有白费。

让将军意想不到的是，反对独立的顽固分子的活动愈演愈烈。11月21日，一部分驻军军官悍然发动了政变，他们逮捕了一些政府官员，占领了主要建筑物，夺取了阿尔及利亚的控制权。一个消息像幽灵似的到处传扬：伞兵将降落在法国本土上，他们将要包围巴黎。

法国本土的人震惊了，英国人也害怕了，他们召开内阁会议，商量帮助戴高乐的办法。

戴高乐对局势的发展十分担忧，对军队的背叛行为更是失望和恼火。他不得不行使总统权力，下令切断通往阿尔及利亚的交通，宣布处于紧急状态。紧接着，他再次发表电视讲话。将军紧皱双眉，用拳头捶击着讲台，以斩钉截铁的口气，宣布禁止每一个法国人，首先是士兵执行叛乱首领的任何命令。他说：

"我以法兰西的名义命令，必须采取一切手段，布下天罗地网，直到把他们一网打尽！"

最后他用发自肺腑的声音大声呼吁：

"法国的男女公民们！请你们帮助我！"

法国人民再次接受了将军。军官们发现士兵都倒向戴高乐，他们不得不自行隐退，悄悄地溜出了阿尔及尔。

戴高乐看到逐渐稳定下来的局势，顿时感到如释重负，他立即开始与阿尔及利亚临时政府的谈判。谈判进行得异常艰难，但终于有了结果。7月1日，阿尔及利亚举行自决权的公民投票，7月3日，戴高乐正式宣布法国承认阿尔及利亚独立。阿尔及利亚经过多年的苦斗，终于以独立国家的身份，站立在国际舞台上。

将军胜利了，但是他付出了沉重的代价。从1961年9月到1962年8月，曾发生4次暗杀事件，将军竟然奇迹般逃脱了。

秘密武装组织有一支突击队，一直在追踪将军的行动。

1962年5月22日，将军从科隆贝前往巴黎，参加每周五举行的部长会议，他带着夫人，还有作为副官的女婿布瓦西厄。会议结束之后，在晚7时30分，他们离开巴黎，那一刻才决定了返回的具体路线。晚8时零8分，将军的汽车和护卫车到达克拉马尔，突然，两辆黄色轿车出现在前面，对着将军的汽车用自动步枪射击。将军的司机猛踩油门，汽车飞快地向前方冲击。将军刚刚舒了一口气，布瓦西厄发现前面又冒出两辆蓝色轿车，车窗里露出黑洞洞的枪口。他大喊："趴下！"将军拉着妻子一起伏倒在车子里。一枚子弹穿过后车窗，擦着将军低下的头飞过去。轿车又一次像发疯的怪兽似的猛冲出去，终于逃出追杀，到达了机场。布瓦西厄走下车，发现车身上有14个弹孔，两个轮子也被击中，变速箱遭到严重破坏。他拉开后车门，将军和夫人从碎玻璃中抬起头，竟然没有受伤。将军走出车门，耸耸双肩，幽默地说：

"既然我们谁都没有中弹，那就让戴高乐继续走自己的路，履行自己的职责吧！"

当晚将军打电话给蓬皮杜，揶揄地说：

"他们的枪法实在太差了，像猪一样。"

第二天在新闻界面前，将军仍然镇静乐观，就像什么都没有发生似的。

对美国说"不"

在戴高乐的心目中，一直念念不忘的是要实现法国的伟大，法国必须以强国的姿态出现在世界舞台上。他再次执政后，开始以战略家的雄心发动了频繁的外交攻势。

戴高乐一心想当欧洲的头领，可是美国却在那里挡道。二次大战后，美国经济有了突飞猛进的发展。1947年6月5日，美国国务卿马歇尔提出了诱人的"欧洲复兴方案"即马歇尔计划，它向战争中遭受重创的西欧各国提供了 134 亿美元的援助。西欧各国尝到甜头，乖乖地成了美国政治上的小伙伴。

猎鹰般的美国又虎视眈眈，在 1949 年与西欧 10 国和加拿大签署了北大西洋公约，把西欧各国都收拢在美国的军事保护伞之下，美国堂而皇之地成了西欧各国的霸主。

西欧各国的头头们意识到自己地位的脆弱，不得不求助于联合的法宝。1957 年 3 月 25 日，法国、西德、意大利、波兰、卢森堡 6 国签订了《罗马公约》，创建了欧洲经济共同体。

其实，这些国家想的是通过联合，提高自己的经济实力，繁荣本国经济。至于政治上的事，他们根本没敢想。

戴高乐与他的盟友们不同，他想得更深远，他想用欧洲各国的全面联合与美苏两霸抗衡，充当他们的仲裁人。他要在两大阵营之外，成为世界上第三大势力。

他不顾法国还很虚弱的地位，向美国的霸权提出了挑战。他是那样的顽强，甚至到了固执的程度。

将军对建设欧洲的问题有独到的见解。他反对建立超国家的一体化的欧洲联邦，主张建立一个保持民族独立和国家主权的，各国之间合作的欧洲联邦。他说：

"如果放弃主权，欧洲注定只能成为政治上、经济上和防备上自有一套的西方大国——美国的附庸。"

他开始注意改善法德关系。

1958 年 9 月 14 日上午，有 3 辆豪华奔驰轿车组成的车队，在 4 辆摩托车的引导下，正在驶过一个个法国村庄，最后进入科隆贝一所宅院里。一位须发皆白的老人走下车，他就是 82 岁高龄的西德总理阿登纳。戴高乐大步迎上前，紧紧地握住老人的双手，用流利的德语问候。阿登纳向将军介绍了自己的翻译和副官，然后登上台阶，被请入室内。

阿登纳对于在戴高乐的私人住宅里受到接待非常感动，从天主教莱茵地区的传统来看，这可是最高的礼仪了，他的忐忑不安的心情逐渐消失。将军俭朴自然的作风更是赢得了老人的心，宴会和会谈的气氛友好而轻松。将军告诉他的客人：法德之间实现历史性和解的日子已经到来。他们发表了联合公报，公报中说：

"我们确信，德意志联邦共和国和法兰西共和国之间的合作是欧洲一切组织建设的基础。"

当然，戴高乐时刻不忘在这种联合中重心要偏向法国。他对阿登纳说：

"多少世纪以来，法兰西民族已经习惯于做欧洲的巨人。"

阿登纳感到战后的德国要恢复元气，也需要一个友好的近邻——法国在政治上、军事上的支持。经过多次互访，两国终于在 1963 年 1 月 22 日，在巴黎正式签订了法德和约，开始了"巴黎——波恩轴心"时代。此后在国际事务尤其是欧洲事务的会议桌上，每到关键时刻，阿登纳总是慷慨地支持法国。法国的意见在欧洲事务中，越来越有分量。两人之间也建立了深厚的友谊。

戴高乐欣喜地看到，法国登上欧洲的领导地位，与美国抗衡的目标已经走出关键的一步。

将军又开始迈出更具震撼力的，让欧洲瞠目、令美国愤怒的第二步。

9 月 17 日，接管法国政府只有 3 个月的戴高乐向美英两国提出秘密备忘录。他的新建议是建立美、英、法三国的领导机构，"负责对影响世界安全的所有政治问题作出一致决定。"法国还要参加大西洋联盟的最高决策。如果法国的要求不能实现，那么北约将得不到法国的合作。他的目标是与英美两国平起平坐。

他私下里对他的部长们说：

"这是升起了我的战斗旗帜。"

英美两国让备忘录弄得晕头转向。他们想：法国的政府首脑像走马灯似的换个不停，别看你戴高乐现在强硬傲慢，你能在总统宝座上坐多久还是个未知数呢！看来还是采取拖延战术为妙。于是他们以模糊的语言答复戴高乐，说什么此问题十分重要，不能立即回答，还要认真讨论磋商等等。

12月15日美国国务卿杜勒斯趁着在巴黎参加会议的机会，再次拜访戴高乐。他走进将军的办公室，将军态度冷漠地站起来，没有走到门口去迎接，让杜勒斯十分尴尬。杜勒斯正式告诉将军，要建立美英法的三国组织是不可能的。如果在个别问题上商讨还可以接受。

这个答复并没有让戴高乐失望，他早就料到，美国决不会接受他的建议，英国人唯美国马首是瞻，也不敢支持他的主张，那时他就会有充分理由退出北大西洋公约组织。现在正是他应该采取行动的时机。

1959年3月6日，法国政府宣布，撤回法国的地中海舰队，不再接受北约指挥。

美国国务卿杜勒斯气急败坏地跑到巴黎，请求法国海军回到地中海。戴高乐不予理睬。

美国总统艾森豪威尔不得不亲自出马了。1959年9月2日，戴高乐热情地迎接了这位二战时期的老对手、老朋友，欢迎的队伍足足有 100 万人。艾森豪威尔被深深地感动了，他说：

"这真是我没有想到的。"

他们回首往事，为战斗的友谊干杯。

正式会谈开始了，戴高乐的面色严峻起来。他把备忘录的内容又重申一遍，告诉这位美国总统，法国要自己掌握命运，决不能交付给北大西洋公约组织，法国要自己拥有核武器。

艾森豪威尔面露不悦之情，他说：

"您为什么不相信美国会与欧洲共命运呢？"

"这不是信任与否的问题，"戴高乐冷冷地回答，"我们不会忘记，作为盟友的美国曾经给过我们援助，所以法国人民对您的欢迎是那样热情。可是我们同样不会忘记，在第一次世界大战中，法国经历了 3 年的战乱之苦，美国才伸出援助的手。第二次世界大战，法国已经被击溃了，美国才迟迟出兵。"

面色沉重的戴高乐用力握了一下手，说出自己的结论：

"每个国家都有它自己的地理、利益和感情等独特的因素，所以它可以帮助另一个国家，却不能同另一个国家化为一体。这就是法国不能完全依靠北大西洋公约

组织的军事一体化的原因。"

艾森豪威尔又提起核武器的事，他以关怀的口吻说：

"核武器的研制费用很大，而且法国就是研制了也赶不上苏联的水平，哪里能起威慑作用？倒不如从美国购置，美国愿意向法国出售核武器。当然，美国要通过盟国最高司令部控制使用权。"

戴高乐断然驳斥道：

"核武器的威力在于它是摧毁敌人的有力手段，比如杀人，杀一次就够了，与杀死10次没有实质的区别。法国一定要拥有自己的核武器，包括使用权，这将是国家强大的标志。"

戴高乐没给美国留面子，即使是老朋友也不行。美国总统只好带着失望离开了巴黎。

1960年2月13日，在法国的雷冈沙漠中心，一朵巨大的蘑菇云冲天而起，法国第一个原子装置试验成功了！法国成了世界上第四个拥有核武器的国家。戴高乐为此兴奋不已。

一心想当西方国家头领的美国又在玩弄新花样。1961年5月，肯尼迪总统在法国最美的季节里来到巴黎拜访戴高乐，尽管肯尼迪夫人——光彩照人的美人杰奎琳受到法国人的格外瞩目，掀起了一个小小的高潮，但是肯尼迪提出的法国不必再发展核武器的建议，以及以后提出的建立多边核力量的主张，仍遭到将军的断然拒绝。

1963年，将军严辞谴责美、英、苏三国签订的部分禁止核试验条约，他说：

"这有点像要求别人承诺不要游过英吉利海峡一样可笑。"

"如果同意世界上这两个特权国家永远垄断这种核力量，将使世界又建起新的霸权，而像我们这样的国家是决不会同意的。"

戴高乐终于做出了石破天惊的决定：

1966年3月9日，法国新闻部按照将军的命令发布公报，郑重宣布法国退出北大西洋公约组织。还规定在1967年4月1日前，北约理事会的机构和设施撤出巴黎，迁往比利时的布鲁塞尔。

美国人对这件"大逆不道"的事真是气破了肚皮！

戴高乐却对把法国从益格鲁——撒克逊人的控制下解脱出来，送上真正独立自主的道路而沾沾自喜。他骄傲地说：

"我们的国家突然成了国际舞台上的主角了，以前人家总是把她当做一个跑龙套的。"

"我们现在进入了一个新的政治阶段，……法国重新和它过去的历史衔接起来了，再也不听从任何人的指挥了。"

"法兰西在世界上已经恢复了它原有的面目和地位。"

这一年戴高乐已是古稀之年，却以过人的勇气和胆略，顺应了世界各国维护民族独立和国家主权的历史发展要求，取得了巨大的成功，显现出一位成熟政治家的风采和魄力。

将军与东方

1960 年的早春，苏联领导人赫鲁晓夫笑呵呵地出现在寒意未褪的巴黎。他是带着夫人、儿子、女儿和女婿等浩浩荡荡的一家人，应戴高乐的邀请访问法国的。

赫鲁晓夫一家兴致勃勃地游览了素有花都之称的巴黎，在埃菲尔铁塔、凯旋门、卢浮宫，到处都留下了爽朗的笑声和好奇的目光。戴高乐尽其所能地给予了高规格的周到接待。

被称为"共产主义极权专制国家"的首脑以贵宾身份亮相西方，在两大阵营剑拔弩张的冷战时代，不啻为一声惊雷，让美国人恼怒，让世人震惊。

将军打出这张苏联牌，是为了实现他的全新的外交路线，他要建立一种新秩序来代替冷战，这个新秩序就是东西方缓和，他要做缓和的榜样，充当苏美两大阵营的仲裁人，要法国发挥更积极的作用。

提出这种政策本身就需要一种超常的眼光和勇气。

赫鲁晓夫在兴冲冲地游览名胜之余，在听到戴高乐大谈法苏友谊之后，不得不惊愕地领教了将军钢铁般的意志和近乎顽固的坚定。

赫鲁晓夫带着威胁的口吻，又提出他的老建议：柏林将成为自由城市，西方各占领国必须撤离西柏林，并与东德签订条约（柏林在东德境内）。如果西方各国拒绝的话，苏联将单方面与东德签约。

将军冷冷地回敬道：

"如果苏联想单独和东德签约，那就请便，它不过是给你们自己看的一纸空文而已。如果想对西方军队进行干预，由此引起战争的话，那么，这只能由您承担责任。"

赫鲁晓夫碰了一鼻子灰，只好喃喃自语：

"那就等两年再说吧！"

但是这次访问还是大有收获，他们签署了一些具体的合作协定，赫鲁晓夫同意到巴黎参加四国首脑会议，还邀请戴高乐访苏。

5月16日，美英法苏四国首脑来到巴黎，围坐在会议桌旁。可是在会谈开始前有500人参加的记者招待会上，赫鲁晓夫突然拍着桌子大吼大叫。原来在5月1日发生了美国V2高空侦察机入侵苏联领空事件，这位脾气暴躁的总书记要美国公开道歉，否则，他就不会参加这个会议。

面对凶神似的赫鲁晓夫，艾森豪威尔和麦克米伦都显得异常紧张和忧心忡忡，将军却态度强硬，不断给盟友们打气。面对总书记的责难和威胁，他用冷峻的眼神盯着对方，严肃地说：

"我在巴黎召开这个会议是探讨和平的，如果愿意开，我们就讨论下去；如果不愿开，那就请便好了。"

结果，四大巨头只开了一次碰头会就各奔东西，四国首脑会议流产了。

将军却不感到沮丧，无论如何，他当了一回美苏两霸的仲裁人，这一点足以让他兴奋。他也在西方盟友中赢得了尊敬。

但是这一切并不妨碍他向东方共产党执政的国家推行"缓和、谅解与合作"的政策。

1966年6月21日，戴高乐又怀着满腔热情正式访问苏联。当他高大的身躯出现在莫斯科市政大厅的平台上时，广场上数万名群众欢呼雀跃。将军首先用俄语表达对法苏友谊的祝贺，当经久不息的掌声停顿下来后，他开始了以法苏友谊为主题的演讲。他说：

"我一向尊重历史和传统。我们不会忘记在1891年和1893年，法俄曾联合起来对付德国。在1935年还签订了法苏友好条约。法国和苏联是天然的盟友，我们有着共同的利害关系，却没有发生冲突的理由。法国对贵国人民历来有着友好的感情。"

苏联的电台和电视台也传出了将军浑厚有力的声音。

在对一系列的城市参观访问之后，法苏两国巨头签订了科技、经济、和平利用空间等多项协定，最后发表了联合声明，成立了法苏联合委员会，打算用它来促进两国长期的合作。

在以后的日子里，法苏两国领导人多次会晤，在一起商讨国际上的事务。这件事引起西方各国极大震惊。

美国很懊恼地发现，在过去只有美苏两家说话的世界舞台上，竟然挤上来一位第三者。它不得不对法国刮目相看。

戴高乐一心要法国推行"世界范围"的政策，始终关注着亚洲，并且独具慧眼，看到了东方大国——中国在世界上存在的意义，开始了解它，接近它。

1963年9月一个阳光明媚的下午，戴高乐夫妇邀请富尔夫妇共进午餐。菜肴很简单，都是夫人定的，餐桌上摆着一瓶鲜花。

埃德加·富尔是法国前总理，1957年5月，曾被中国外交学会邀请访华。周恩来总理热情地接见了富尔夫妇，表达了中国人民对法兰西的美好祝愿。富尔很喜欢毛主席诗词，毛主席的词《水调歌头·游泳》有一句"风樯动，龟蛇静，起宏图"，它尤其使富尔浮想联翩，他以《龟与蛇》作书名，写了自己的访华感受，探讨了中法两国建立外交关系的设想。

富尔把书寄给了戴高乐，引起正在隐居的将军的极大兴趣。

将军对富尔说：

"我给中国领导人写了一封信，请您以我的名义去一趟中国，把信带给他们。"

富尔接过信件，郑重地说：

"请将军放心，我一定会把信交给他们。"

富尔此行负有重任，他将就两国建交的条件、规格和具体方法，与中国政府探讨，也试探一下中国政府的态度。

在北京，富尔受到毛泽东主席和周恩来总理的热情接见，他们谈得很投机。11月2日，周恩来总理和富尔签署了备忘录。富尔在回国途中把这件事报告给戴高乐。

戴高乐要法国与中国建交的决定最终定下来了。

1964年1月7日，当法国外交部正式向美国国务院通报中法建交的决定时，1月16日，美国向法国大使递交了一份强烈抗议的照会，照会中说，法国的做法违背了"自由世界"的利益。

法国对照会予以断然拒绝。

1964年1月27日，中法建交联合公报发表了，两国政府向世界宣布：建立大使级外交关系，任命黄镇和吕西安·佩耶担任各自的特命全权大使。法国成了西方世界第一个承认中国的国家。

戴高乐还不忘开导自称老大的美国。

1966年10月28日，戴高乐在记者招待会上，以政治家的高瞻远瞩说：

　　"美国必须承认，在亚洲，如果没有中国参加，任何协定、任何重要条约都是无效的。此外美国人还必须看到，对于同这个大国建立外交关系，对于恢复它在联合国的席位，美国都必须做出结论。"

　　后来的历史发展印证了将军的英明预见：美国在1911年与中国建立外交关系，1972年，中国回到联合国的席位上。

　　将军向往中国，他称中国是"一个比历史还古老的国家"，很想在晚年亲眼看看这个神秘的东方古国。

　　1970年3月24日，法国驻华大使艾蒂安·马纳克的一封来信引起了他的兴趣。

　　信中称："毛泽东和周恩来对您表示了极大的崇敬。"

　　不久，他的外甥女科比尔来向舅舅告别，她已被任命为驻华使官参赞，将要去北京赴任。

　　"舅舅，您想去中国吗？"科比尔望着有些老态龙钟的老人问道。

　　老人诚挚地回答：

　　"到中国去，对我来说是一个梦想，我真的很想去。

　　这时的戴高乐早已不担任总统职务，但是他要维护

曾经是大国领袖的尊严。他说:

"自然我要接到中国政府和毛泽东的正式邀请才能成行。我的出访游览计划要我自己来制定。……我相信我希望看到的东西,中国人不会不答应。"

他一再强调:"当然我必须同毛泽东交谈。这将是法国和中国以戴高乐和毛为代表之间的交谈。"

中国政府也正在紧锣密鼓地考虑邀请戴高乐访华。为了慎重,发出正式邀请前,周恩来总理委托英籍华人作家韩素音女士前往法国传递信息,摸清将军的想法。

韩素音见到了戴高乐最信任的人——货币和财政政策顾问雅克·吕夫,转达了中国政府准备邀请的信息。她说,毛泽东和周恩来最钦佩的是将军"拒绝在强权面前屈服以及维护国家独立的意志"。她还说,中国政府将尊重将军的意愿,他想什么时候来就什么时候来,他想到哪里就到哪里,愿意会晤什么人就会晤谁。

吕夫赶紧给将军写信,通报这一喜讯。可是将军却在 11 月 9 日驾鹤西去,两位伟人的手握在一起的历史性场面终于未能出现,留下了千古遗恨。

戴高乐将军早已赢得了中国人民的崇敬之情,在他逝世的时刻,北京天安门下半旗致哀,毛泽东主席和周恩来总理送去两个大花圈,摆放在科隆贝戴高乐的墓地旁。

壮心不已

　　1969 年之后，将军离开政坛，又回到科隆贝，过上平民生活。他不接受共和国总统的年金，只依靠准将的退休金和稿费以及一个农场的收入过活。其实他的总统年金并不算高，只有七点五万法朗，一直低于一些主要领导人。

　　他感到来日无多，开始抓紧时间撰写《希望回忆录》。这时他的头发花白，肚子隆起，后背微驼，视力减退，完全是一副老态龙钟的样子。可是他的头脑始终清醒，他在几位秘书的帮助下，阅读分好类的档案资料，在花园的小径上边散步边思索。尽管写作起来很吃力，他却坚信这是他为法兰西效劳的唯一方式，是他死前的使命，所以还是不辞辛苦地写下去。

　　随着笔尖的划动和流淌的思绪，一幕幕往事又展现在眼前。

　　他回顾自己的过去，让他感到自豪的是，是他维护了法国的主权和独立，为法国争得大国的地位。尽管他的领导欧洲的理想没能实现，西德在阿登纳之后宁愿听从美国的领导，欧洲经济共同体的其他成员国都同意接纳英国，可是这无损于他的主要功绩。

他对国内的治理成绩是巨大的。尤其是在经济上，他刚上台执政时接收的是一个破烂摊子，外债累累，赤字惊人，可是到 1967 年，法国经济增长的速度非常迅速，国民生产总值每人平均 2210 美元，远远超过比利时、西德、英国和荷兰。国家的黄金储备也在大量增加，人民生活水平每年都增长 4%。

他还有一项未竟的心愿，那就是他的社会改革计划，他一直在探索一条资本主义与东方集团计划经济之间的中间道路，他认为更具合作精神的社会是法国最适合走的路。他提出了"参与"的设想。在 1968 年 9 月 9 日举行的记者招待会上，他对它的内涵作了说明："参与"就是通过工人参与社会机构和公司企业的管理来消除阶级斗争。11 日，他又对记者说："参与"就是解决参议院的改革和解决劳资双方联合决策问题。

令他感到伤心的是，法国人不理解这个设想，甚至有人说他丧失了理智。恰好此时将军的朋友，原总理蓬皮杜表示了如果将军退休，他将竞选法国总统的意愿，引起将军的不满，他决心做最后一次努力。他把辞职信放在顾夫·德姆维总理那里，然后决定举行一次关于"参与"问题的全民公决。他想好了：如果公决失败，他当即辞职；如果胜利了，他就坚持干到 1969 年 11 月他 79 岁生日那一天。他不想干到任期了。

1969 年 4 月 27 日，将军早晨去做弥撒，然后去镇上投票，下午在花园里漫步，晚上 10 点传来消息：全民公决的结果，赞成票 47%。将军失败了。他失落地说："法国人选择了一条不再奋斗的路，为了日常的例行公事，他们不需要戴高乐。"

午夜时分，法新社发表了将军的声明：

我不再行使共和国总统的职责。本决定从今天中午起生效。1969 年 4 月 28 日。

戴高乐的时代结束了。

有人曾提出，将军如果真的想搞改革，完全可以用议会通过的办法，因为议会里戴派占多数，但是他固执地坚持要全民公决，他要让法国人民决定对他是否信任。

戴高乐是以一种悲壮的姿态走完自己的政治生涯的。

他对别人说：

"总该有结束的一天，我也应该下台了，要善于下台……在历史面前，我选择了一个很好的退场方式。"

他的《希望回忆录》第一卷在 1970 年 10 月 23 日出版了。这本书写的是 1958 年至 1962 年的事，书一出版就成了畅销书。将军很兴奋。可是他的心情始终处于抑郁之中。

1970 年 11 月 9 日，将军还有两周就要过 80 岁生日了，他和往常一样，在图书室里等候吃饭，但他突然倒地。将军因心脏病猝发而与世长辞了。

蓬皮杜总统得到噩耗，在 11 月 10 日中午发表了电视讲话：

法国的男女同胞们：

戴高乐将军去世了，法国失去了亲人。1940 年戴高乐将军拯救了我们的荣誉。1941 年，他领导我们走向解放和胜利。1958 年，他把我们从内战的威胁中救了出来。他使今天的法国有了自己的制度、独立和国际地位。……愿戴高乐永远活在全国人民的心中。

11 月 10 日，将军的遗嘱公布了，遗嘱中要求：不要举行国葬，仪式必须简单，希望在家乡科隆贝教堂举行他的葬礼。遗嘱最后一部分说：

我声明，我事先拒绝接受给予我的任何称号、晋升、荣誉、表彰和勋章，不论是法国的还是外国的，授予我上述任何一项，将违背我的最后愿望。

但是人民要表达自己的哀思。

11月12日上午11时，全法国的教堂钟声齐鸣，在巴黎圣母院为戴高乐举行隆重的安灵弥撒，80多名来自世界各国的现任或前任国家元首、知名人士前来表示哀悼和敬意。

在巴黎还有几十万民众来到凯旋门，在《马赛曲》的旋律中，寄托对将军的哀思。凯旋门下的星形广场被市议会宣布改名为戴高乐广场。

最后在科隆贝举行的葬礼完全按照将军的意愿，他的亲属、抵抗运动的战友和2万多名民众，把他的灵柩护送到墓地。将军又回归到他所无限热爱的法兰西的土地中。

无论是朋友还是反对过他的人，都不约而同地承认：戴高乐将军是法兰西不可征服的化身，是对世界历史进程产生过巨大影响的一代伟人。

年　　谱

公元纪年	年龄	记　　事
1890		11 月 22 日出生在法国里尔。
1895	5	在小学读书。
1906	16	在耶稣会学校读书，起初成绩不突出，15 岁时集中精力学习，16 岁拿了 6 个第一。
1909	19	选入法国阿拉斯步兵第 33 团当兵。
1910	20	以士官身份步入圣西尔军校。
1912	22	以少尉军衔从圣西尔军校毕业。
1913	24	晋升为中尉。
1914	24	第一次世界大战爆发，他所在 33 团作战英勇，赴凡尔登前线，作战负伤。
1915	25	晋升为上尉。
1916	26	再次负伤。被德军俘虏后，曾 5 次逃跑未遂，直到 1918 年停战后重获自由。
1921	31	被任命为圣西尔军校助理教授，并于 1922 年考取高等军事学院。同伊冯娜·旺德鲁结婚。

公元纪年	年龄	记　　事
1924	34	在莱茵河法军参谋部供职。发表第一部军事著作《对敌作战》。
1932	42	在最高国防委员会担任秘书。出版《剑刃》，1934年，又出版《建立职业军》。
1937	47	晋升为上校，在梅斯任507坦克团团长。1938年出版《法兰西和她的军队》。
1940	50	指挥第四装甲师，晋升为准将。后被法国贝当政府与德国求和。戴高乐流之英国，领导"自由法国运动"，他便抵抗德国法西斯。委任国防和陆军部副长。在伦敦成立帝国防务委员会。
1943	53	抵达阿尔及尔。法兰西民族解放委员会成立，与吉罗共同担任主席。后又彻底清除吉罗势力，成为唯一主席。
1944	54	6月3日，在阿尔及尔成立法兰西共和国临时政府。6月6日，英美盟军在诺曼底登陆。8月25日，戴高乐进入巴黎，巴黎解放。12月2日，到苏联访问，签订法苏协定。
1946	56	辞去临时政府总理职务。回科隆贝教堂村隐居。

公元纪年	年龄	记　　事
1954	64	《战争回忆录》第一卷《召唤》出版。
1958	68	阿尔及尔暴动后面临内战危机，戴高乐再度出山，成为总理并制定新定法，当选为第五共和国第一任总统。
1959	69	宣布阿尔及利亚人享有自决权。3年后，阿尔及利亚宣布独立。
1966	76	宣布法国脱离北大西洋公约组织。
1969	79	宣布停止执行共和国总统职务，隐居科隆贝，开始撰写《希望回忆录》。
1970	80	11月9日，逝世。